公路工程建设管理丛书

公路工程
文明施工指南

卢利群　高　翔　主编

杨　峰　主审

西南交通大学出版社
·成　都·

图书在版编目（CIP）数据

公路工程文明施工指南 / 卢利群，高翔主编. —成都：西南交通大学出版社，2020.12
（公路工程建设管理丛书）
ISBN 978-7-5643-7813-4

Ⅰ.①公… Ⅱ.①卢… ②高… Ⅲ.①道路工程–工程施工–文明施工–指南 Ⅳ.①U415.12-62

中国版本图书馆 CIP 数据核字（2020）第 211641 号

公路工程建设管理丛书
Gonglu Gongcheng Wenming Shigong Zhinan
公路工程文明施工指南
卢利群　高翔　主编

责任编辑	邱一平
助理编辑	王同晓
封面设计	曹天擎
出版发行	西南交通大学出版社
	（四川省成都市金牛区二环路北一段 111 号
	西南交通大学创新大厦 21 楼）
发行部电话	028-87600564　028-87600533
邮政编码	610031
网　　址	http://www.xnjdcbs.com
印　　刷	四川煤田地质制图印刷厂
成品尺寸	170 mm×230 mm
印　　张	9
字　　数	161 千
版　　次	2020 年 12 月第 1 版
印　　次	2020 年 12 月第 1 次
书　　号	ISBN 978-7-5643-7813-4
定　　价	88.00 元

图书如有印装质量问题　本社负责退换
版权所有　盗版必究　举报电话：028-87600562

编写委员会

主　编　卢利群　高　翔

副主编　李思建　韩作新　庄建伟　杨　强　单煜辉　袁　凯

参　编　屈　鹏　常　德　刘志峰　齐勤华　赵　耿　刘国庆
　　　　　冉维彬　张宝香　牛　伟　赵小苏　王启森　刘　腾
　　　　　王乐翼　包春波　瞿世学　陈　超　李增金

参加编写单位
济南市城乡交通运输局
济南市交通运输事业发展中心
济南市公路管理局
济南金诺公路工程监理有限公司
济南金日公路工程有限公司
山东省交通工程监理咨询有限公司
济南金衢公路勘察设计研究有限公司
济南城建集团有限公司

审定委员会

主　审　杨　峰

副主审　郭宗杰　朱立河　夏　涛
参　审　毕玉峰　孙　杰　王显根　王治国　王皓天

前 言

为深入贯彻落实习近平"坚持以人民为中心"及"扎实推进生态文明建设和环境保护工作"重要指示精神，积极践行绿色交通理念，推进绿色公路建设，落实交通强国发展要求，各级政府及交通行业主管部门出台了一系列关于环保、扬尘治理、文明施工的规范、标准、文件，济南市公路管理局准确把握"2+26"大气污染传输通道区域环境特点，经整合、提炼编写了《公路工程文明施工指南》（以下简称《指南》）。

在山东省交通运输厅、山东省交通运输事业服务中心的指导下，济南市公路管理局认真总结近年来公路工程项目文明施工经验做法，扎实开展《指南》编制工作，共设 6 章、37 节，分别概述了标准化驻地场站建设、精细化施工操作、规范化制度保障、智慧化工程措施等，工程现场文明施工管理可借鉴使用。谨以此为构建"品质工程"，建设人民满意交通，便利群众出行，提升公路工程文明施工建设管理水平，尽绵薄之力。

济南市市政工程质量监督站、济南市交通工程质量监督站对编写工作提供了大力支持，在此深表谢忱。

囿于编者水平，书中难免有未尽之处，敬请大家在使用过程中结合项目特点进一步细化完善，提出宝贵意见，便于我们持续改进。

《公路工程文明施工指南》编写组
2020 年 8 月

目 录

1 总 则 ··· 001
   1.1 目 的 ·· 001
   1.2 适用范围 ·· 001
   1.3 编制依据 ·· 001
   1.4 总体要求 ·· 002

2 文明施工标准化 ·· 003
   2.1 一般规定 ·· 003
   2.2 临时设施建设 ·· 004
   2.3 作业区设置及管理 ··· 024
   2.4 交通组织 ·· 025
   2.5 施工现场出入口及其附属设施 ·· 028
   2.6 施工临时标识牌及安全文明设施 ··· 031
   2.7 施工便道、便桥 ·· 033
   2.8 临时用电 ·· 033
   2.9 特种设备 ·· 035

3 文明施工精细化 ·· 042
   3.1 一般规定 ·· 042
   3.2 路基工程 ·· 043
   3.3 路面工程 ·· 056
   3.4 桥梁工程 ·· 059
   3.5 隧道工程 ·· 068
   3.6 交通安全设施 ·· 077
   3.7 房建工程 ·· 080

  3.8 公路养护工程 ·· 083
  3.9 成品保护 ·· 090

4 文明施工规范化 ·· 094
  4.1 一般规定 ·· 094
  4.2 农民工工资支付管理 ······································ 094
  4.3 文明施工专项方案审查 ··································· 097
  4.4 交底及班前会制度 ··· 098
  4.5 应急响应 ·· 099
  4.6 内业资料 ·· 101
  4.7 卫生防疫 ·· 103
  4.8 监督检查 ·· 103

5 文明施工智慧化 ·· 105
  5.1 一般规定 ·· 105
  5.2 BIM 技术应用 ·· 105
  5.3 环保监测设备及视频监控系统 ························· 106
  5.4 智能门禁系统 ·· 107
  5.5 二维码标识 ··· 107
  5.6 智慧云平台 ··· 109

6 附　则 ·· 110
  6.1 文明施工管理表格及使用要求 ························· 110
  6.2 安全围挡设计示例图 ······································ 131
  6.3 其　他 ·· 136

1 总 则

1.1 目 的

为规范济南市公路工程文明施工管理，提升工程建设文明施工水平和行业形象，结合公路工程建设实际，编制济南市《公路工程文明施工指南》。

1.2 适用范围

本指南适用于济南市公路管理局负责协调推进的高速公路建设项目，普通国道或省道的新建改建项目，道路养护大中修项目，涉路工程项目等。

1.3 编制依据

1.3.1 《公路环境保护设计规范》（JTG B04—2010）
1.3.2 《公路养护安全作业规程》（JTG H30—2015）
1.3.3 《公路工程施工安全技术规范》（JTG F90—2015）
1.3.4 《公路路基施工技术规范》（JTG/T 3610—2019）
1.3.5 《公路路面基层施工技术细则》（JTG/T F20—2015）
1.3.6 《公路桥涵施工技术规范》（JTG-T 3650—2020）
1.3.7 《公路隧道施工技术规范》（JTG F60—2009）
1.3.8 《公路工程养护技术规范》（JTG H10—2009）
1.3.9 《施工现场临时用电安全技术规范》（JGJ 46—2005）
1.3.10 《建筑设计防火规范》（GB 50016—2014）
1.3.11 《建筑施工高处作业安全技术规范》（JGJ 80—2016）
1.3.12 《城市道路工程文明施工管理规范》（DB 3701/T 0001—2019）
1.3.13 《建设项目环境保护管理条例》国务院令 682 号发布
1.3.14 《高速公路施工标准化技术指南》（交通运输部公路局 2012 年 11 月）

1.3.15　《山东省建筑施工安全文明标准化工地管理办法》(鲁建质安字〔2019〕10号)

1.3.16　《公路水运工程平安工地建设管理办法》(交安监发〔2018〕43号)

1.3.17　《山东省扬尘污染防治管理办法》(省政府令248号)

1.3.18　《山东省扬尘污染综合整治方案》(鲁环发〔2019〕112号)

1.3.19　《山东省普通国省道公路工程建设环保指导意见》

1.3.20　《济南市扬尘污染防治管理规定》(市政府令234号)

1.3.21　《关于印发济南市建设工程扬尘治理若干措施的通知》(济政办字〔2017〕1号)

1.3.22　《山东省交通运输厅关于贯彻落实国家和省有关要求做好交通工程建设项目农民工实名制、工资专用账户管理和施工单位直接代发工资等工作的通知》(鲁交建管〔2018〕107号)

1.3.23　《济南市人力资源和社会保障局等15部门关于印发济南市农民工工资支付监管平台管理办法的通知》(济人社发〔2019〕47号)

1.3.24　济南市工程建设领域农民工工资档案资料规范化管理指南(2020年3月)

1.4　总体要求

1.4.1　文明施工管理体系和管理制度建立健全并落实各级工作责任。驻地场站以及施工现场等应落实文明施工各项措施。

1.4.2　工地建设应统筹规划、分类管理、合理布局、因地制宜、节约资源，规范施工现场的场容，保持作业环境卫生，充分利用信息技术手段推行文明施工智慧化管理。

1.4.3　施工作业要求和谐、文明、科学有序组织生产，工序衔接交叉合理，减少施工对居民和环境影响，保障职工安全、身体健康等。严格遵循"四个一律""六个百分百"要求，避免扬尘污染。

1.4.4　普通国省道公路工程建设项目原则上不宜全封闭施工，开工前应严格落实施工组织方案及交通组织方案双审制要求。新改建、养护、公路挖掘等工程在通行路段进行施工作业时，应按照《公路养护安全作业规程》(JTG H30-2015)的要求，合理布置施工作业控制区，规范设置安全防护、警示设施，保障施工现场安全作业，提高管控区域通行效率。

2 文明施工标准化

2.1 一般规定

2.1.1 应针对公路工程建设文明施工薄弱环节和安全环保等方面的刚性要求，重点进行文明施工标准化设计、驻地及场站标准化建设、施工作业区标准化设置等，筑牢文明施工"精益智造"之基。

2.1.2 驻地、场站、重要段落、桥梁、隧道等宜采用封闭式管理的施工区域，应在适宜位置，采用宣传栏的形式，设置工程简介、扬尘污染防治、文明施工、安全管理、质量管理、廉政建设等专题宣传栏。

2.1.3 施工现场出入口、沿线各交叉口、基坑边沿、高处作业现场、临时用电设施等危险部位，应设置明显的警示标和必要的防护设施。

2.1.4 施工现场产生的声音应符合现行的相关标准要求。临近居民区，合理安排工作时间，采取降噪措施；噪音较大的施工机械应安装消音设备，从源头上控制噪音的输出。当作业现场距离住宅、学校等建筑小于150 m时，夜间作业声音不得超过55 dB。

2.1.5 进入施工现场的人员应正确佩戴安全帽和上岗证，劳动保护用品穿戴齐全。现场管理人员和作业人员的安全帽应通过颜色区分，质量不能有差异。各级管理人员安全帽实行分色管理，统一标识，分类佩戴。建设单位人员为白色，监理单位人员为蓝色，施工单位管理人员为红色、作业人员为黄色。安全帽应印有各参建单位简称、层级（代建、监理、施工）、企业标识等内容，安全管理人员应佩戴袖标（牌）。

2.1.6 应减少施工污水、废油、废气、粉尘等污染物的排放，严禁将污染物直接排放，以免对环境造成污染。

2.1.7 大力推广石渣、煤矸石、建筑拆除物、老路基层铣刨料等传统废旧材料的利用。施工过程中产生的废料、垃圾要及时清理到固定存放点，分类堆放，日产日清；无法及时清运的应集中存放、严密覆盖。严禁焚烧各类废弃物。

2.1.8 不得随意占用或破坏周围的土地、道路、绿地以及各种公共设施场所,施工结束后做好临时占地、道路、桥梁的恢复工作。

2.1.9 驻地、试验室及场站内消防设施应满足《建设工程施工现场消防安全技术规范》的有关规定,在适当位置设置临时室外消防水池和消防砂池,配置相应的消防安全标识和消防安全器材,设专人检查、维护、保养。

2.2 临时设施建设

2.2.1 现场临时设施。

2.2.1.1 安全隔离网。

(1)适用范围:封闭道路区域内进行挖掘作业的沟槽和基坑的临边防护。

(2)该栏杆由脚手架和扣件组装而成。

(3)制作可参见图 2.2-1。

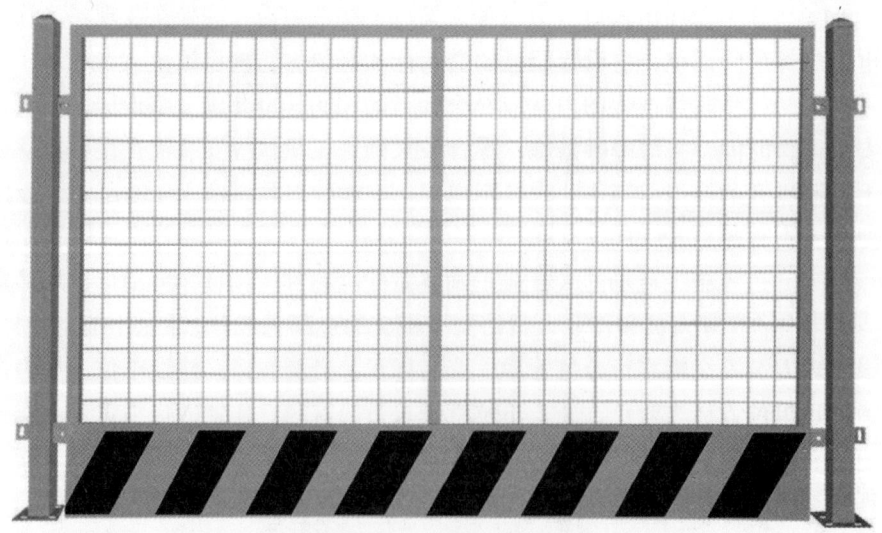

图 2.2-1 安全隔离网

2.2.1.2 安全隔栏。

(1)适用范围:临时作业及浅基坑(2.0 m 深以内)作业。

(2)适用说明:基坑边 1.5 m 范围外设置安全隔栏。隔栏间距不超过 2.0 m,隔栏间采用安全警示连接。基坑需暴露过夜的,必须在隔栏上设置安全警示灯。

（3）制作可参见图 2.2-2。

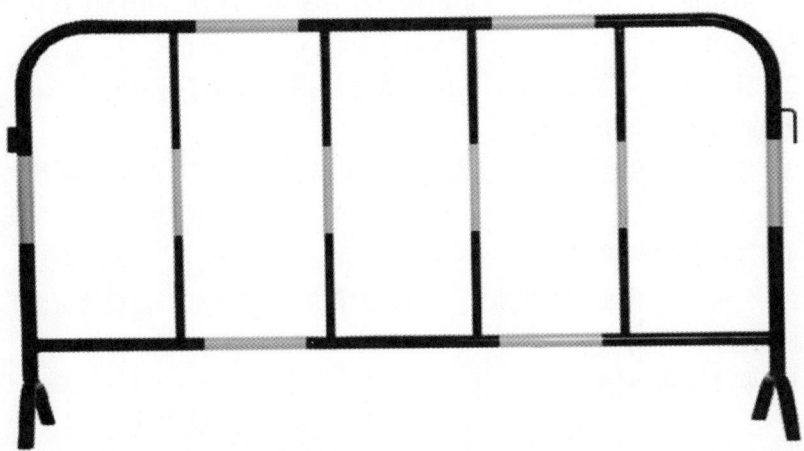

图 2.2-2　安全隔栏

2.2.1.3　活动式镂空围挡。

（1）适用范围：此围挡主要适用于在建项目道路路口。

（2）该围挡为组合式，穿越城区、乡村及敏感区路段的硬质围挡高度不应低于 2.5 m，一般路段围挡高度不应低于 1.8 m。围挡板与支撑三角架采用承插连接，相邻围挡板之间通过螺栓连接。

（3）制作可参见图 2.2-3。

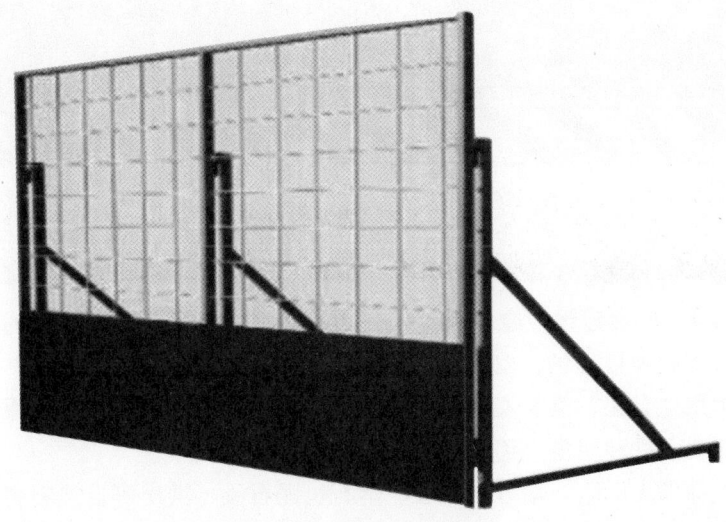

图 2.2-3　活动式镂空围挡

2.2.1.4 固定式围挡。

（1）适用范围：适用于工期大于 6 个月的新建、改建、扩建工程在建施工现场界区围挡。

（2）穿越城区、乡村及敏感区路段的硬质围挡高度不应低于 2.5 m，一般路段围挡高度不应低于 1.8 m。

（3）该围挡为组合式，两张为一组，围挡板之间可靠连接，两端与立柱连接。

（4）围挡外侧应设置适量的公益广告，如安全、文明、环保、廉政、扫黑除恶等，公益广告的面积不得低于围挡总面积的 30%，且不得设置商业广告，并保证固定牢固，形式统一。

（5）制作可参见图 2.2-4。

图 2.2-4 固定式围挡

2.2.2 驻地建设。

2.2.2.1 驻地建设应合法用地，并因地制宜，尽量减少对环境的影响。选址宜靠近工程项目现场，出入方便。同时应满足以下要求：

（1）用地合法，满足安全、适用、环保的要求，以工作方便为原则，具备便利的交通条件和通电、通水、通信条件。

（2）周围无沉陷、塌方、滑坡、落石、泥石流、洪涝等自然灾害隐患，无高频、高压电源，无污染源。

（3）离集中爆破区 500 m 以外，不得占用基本农田，不得占用规划的取、弃土场。

（4）驻地及场站院内按要求设置企业简介、驻地或场站平面布置图、项目概况、安全生产、文明施工、质量管理、党建、廉政建设等宣传栏。宣传栏应统一尺寸，排成一排。各功能区根据条件和需要设标识标牌、指路导向牌。重要位置设监控。危险区域应设置禁止、警告等标识。

2.2.2.2 驻地建设一般包括代建单位驻地、监理单位驻地、施工单位驻地建设。

2.2.2.3 驻地建设应体现以人为本的理念，着力改善各参建单位的生产、生活环境。

2.2.2.4 参建单位应按照投标文件有关承诺，选择交通便利、通信方便，且经批准的地点或场所设置驻地。

2.2.2.5 驻地应采用院落式封闭管理（可参照图 2.2-5 实施），办公区、生活区、车辆停放区、活动场地等功能区设置科学合理、分区管理，合理规划人车路线，尽可能减少不同区域间的干扰。

图 2.2-5 项目场地建设

2.2.2.6 各单位驻地办公用房按照管理职能不同分别设置。

（1）代建单位一般设：项目办主任办公室、项目办副主任办公室、各职能部门办公室、档案室、会议室等。

(2)监理单位一般设：总监理工程师（驻地）办公室、副总监理工程师（副驻地）办公室、各职能部门办公室、档案室、试验室、会议室等。

(3)施工单位一般设：项目经理办公室、项目总工程师办公室、项目副经理办公室、各职能部门办公室、档案室、试验室、会议室等。

2.2.2.7 各单位驻地办公用房应实用、美观、隔热、通风、防潮，并应满足以下要求：

(1)办公用房公用房应做到门窗齐全，通风、照明良好。房间净空高度应控制在 2.8 m 以上，采用板房结构时，必须吊顶，砖混结构时，墙面抹灰刷白，地面硬化，镶贴地板砖，面积应满足办公需要，一般不低于表 2.2-1 的规定。

表 2.2-1 各单位驻地办公用房面积标准

各室名称	配备标准/m²			备注
	代建单位	监理单位	施工单位	
办公室	6	6	6	人均面积
会议室	80	80	80	具备多媒体功能，并能容纳30人同时开会
档案资料室	30	40	60	

(2)各部室门口设名称牌，采用不锈钢板制作，尺寸为 28 cm×10 cm，统一固定安装在门口。

(3)各部室办公桌左上角设桌牌，采用透明塑料板制作，内容应包括：姓名、部门、职务、职称，2 寸照片（右上侧贴）。规格为 20 cm（长）×12 cm（高）。

(4)管理人员工作期间必须佩戴上岗证，并统一着装。上岗证制作应符合表 2.2-2 的要求。

表 2.2-2 上岗证制作要求

上岗证内容	单位名称、姓名、职务、照片等
格式	2 寸照片，尺寸为 15 cm（高）×10 cm（宽），塑封制作
颜色	代建单位为白色底色，监理单位为蓝色底色，施工单位为红色底色

(5)各项目参建单位进场后，宜选取同一制作单位制作上岗证，确保风格、样式统一。

2.2.2.8 各室功能应满足以下要求：

（1）办公室：设有防暑、降温、取暖设备；配置 A3 高速复印、打印、扫描一体机 1 台；各部门配置小型打印机 1~2 台、笔记本电脑 2 台；空调、沙发、茶几等设施根据实际足额配置；工作人员每人配置办公桌椅、台式电脑等。

（2）会议室：设有防暑、降温、取暖设备；配备投影设备、无线话筒等满足需要的必要设备，可参照图 2.2-6 实施。

图 2.2-6　会议室

（3）档案（资料）室：设有防潮、防火、防盗、防尘、防有害生物（虫、霉、鼠等）、防高温等设施；有档案资料由专人负责管理，建立借阅登记制度，宜保存在专用档案柜或档案架，应分门别类，做好标识，归档的档案盒样式应统一。

2.2.2.9 办公区适当位置应制作济南公路或公司形象墙，悬挂工程简介、组织机构图、管理制度、项目平面图、工程形象进度图、党建廉政机构图等。

2.2.2.10 在办公区适当位置设置消防疏散示意图、部门指示牌等。办公区须配置必要的消防安全器具和消防安全标识。

2.2.2.11 各单位生活用房建设应体现以人为本的理念，应实用、美观、隔热、通风、防潮，设宿舍、食堂、浴室、厕所，具备条件的应设文体活动室、活动场地、医疗室等。所有班组生活用房标准与管理人员相同。驻地宿舍可参照图 2.2-7。

（1）宿舍设置要求。

① 每间宿舍面积原则上不超过 30 m^2，居住人员宜为 3~4 人，人均使用面积不小于 3.5 m^2。

② 宿舍内门窗（可开启式）设置齐全，门净宽不小于 0.8 m，室内通风、照明良好，场面应硬化、防潮，有条件的可铺砌瓷砖，室外应设专门的晾衣处。

③ 宿舍内严禁使用通铺，保证每人单铺（可采用上下铺，但不得超过 2 层），床铺应高于地面 0.3 m，人均床铺面积不小于 2 m²，床铺间距不小于 0.5 m。

④ 宿舍内应设置生活用品专柜，个人物品应摆放整齐，宜统一床单被罩。室内严禁存放易燃、易爆物品，严禁乱拉电线、生火做饭、使用大功率电器设备。

⑤ 应设有专人保洁。夏季应有消暑、防蚊虫叮咬措施，冬季应有保暖措施。

⑥ 消防照明设施，步距 10 m 范围内至少有一个干粉灭火器，有 1 个照明设备。

图 2.2-7　驻地宿舍示例

（2）食堂设置要求。

① 食堂宜设置在离厕所、垃圾站及有害物质场所 30 m 以外的位置，与办公、生活用房距离不小于 10 m。驻地食堂可参照图 2.2-8 实施。

② 食堂净空不小于 2.8 m，门净宽不小于 1.2 m，人均使用面积不小于 0.8 m²。

③ 食堂内设置独立的制作间、储藏间，并配有消毒防火设备，燃气罐应单独设置通风良好的存放间，地面应做硬化和防滑处理，配备纱门、纱窗、纱罩等。有明火的厨房宜采用砖砌结构。锅台四周贴白瓷砖，有排污、排风、防火、冷藏设施。

④ 制订食堂卫生管理责任制度,具备卫生许可证。工作人员均应有健康证,工作时应穿工作服。

图 2.2-8　驻地食堂示例

（3）浴室设置要求。

① 浴室应使用防水灯具和开关,地面应做防滑处理,并定时保证充足的冷、热水供给,排水、通风良好。

② 浴室人均使用面积不小于 0.3 m^2,总面积不小于 20 m^2,沐浴间与更衣间应分离设置,更衣间内应设置长凳、储衣柜或挂衣架,可参照图 2.2-9 实施。

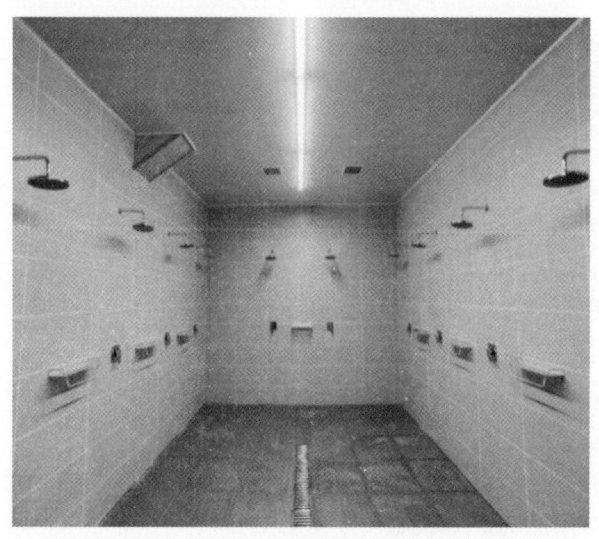

图 2.2-9 浴室示例

（4）厕所设置要求。

① 厕所应男女分设，且为通风、采光良好的可冲洗式厕所，地面应作防滑处理，并配备纱门、纱窗。

② 厕所人均使用面积不小于 0.2 m^2，总面积不小于 20 m^2，蹲位之间设隔板，高度不低于 1.2 m，大小便池内镶贴瓷砖。

③ 厕所应指定专人负责卫生工作，应定时进行清扫、冲刷、消毒，应符合卫生要求，并在合适位置设置厕所指路牌。

（5）文体活动室、活动场地、医疗室等设置要求。

① 文体活动室面积一般不小于 20 m^2，具备活动、学习条件，拥有良好的通风、照明等设施，配备齐全的书籍、报刊。

② 活动场所包括乒乓球场、篮球场、羽毛球场，以及相关的健身、娱乐等活动场所，可参照图 2.2-10 实施。

图 2.2-10　活动室示例

③ 医疗室（可参照图 2.2-11 实施）可根据出场人员数量和驻地距离医疗机构的方便程度设置，并配备必要的医疗设备、药物等，有条件的可配备相应的医务人员。

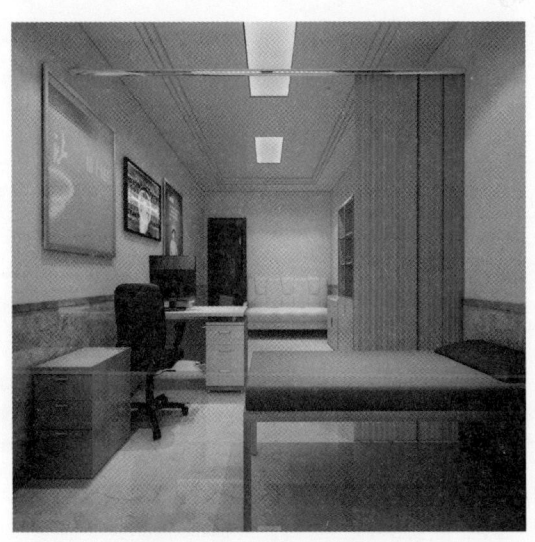

图 2.2-11　医疗室示例

2.2.3　工地试验室建设。

2.2.3.1　工地试验室应满足《公路工程工地试验室标准化指南》及《山东

省工地试验室标准化建设与管理指南》的有关规定，由取得《公路水运工程试验检测机构资质等级证书》(等级证书)的试验检测机构（母体检测机构）授权设立，且授权的试验检测项目和参数不得超出其等级证书核定的业务范围。母体试验检测机构应对工地试验室的试验检测行为及结果承担责任。

2.2.3.2 施工、监理单位应在工程正式开工前，根据合同承诺，经母体试验室授权，在工程现场设立与工程内容相适应的工地试验室。

2.2.3.3 工地试验室的选址应满足安全和管理的要求。工地试验室硬件设施必须满足招标文件及相关文件的要求，宜使用统一的试验专用软件。

2.2.3.4 工地试验室应按照招标文件要求配备试验检测人员。工地试验室所有试验人员的照片（5寸）和资质等信息应张贴在办公室的墙上。

2.2.3.5 工地试验室应经质量监督机构认定合格，并取得批准后方可正式开展试验检测工作。

2.2.3.6 试验室面积及检测设备配置应满足以下要求：

（1）设备配置应满足投标文件承诺要求，并适应工程内容及规模相关要求。

（2）设备精度、量程等技术指标应满足试验规程相关要求。

（3）试验室应配备必要的试验辅助器具及工具，配备专用车辆。

（4）试验室通风、照明良好，并设有防暑、降温、取暖设备。各功能室面积及设施配置应满足试验检测需要，一般不低于表 2.2-3 的规定，土工及无机结合料室可参照图 2.2-12 实施，水泥室可参照图 2.2-13 实施。

表 2.2-3 工地试验室各工作室面积推荐

名称	土工室	集料室	石料室	水泥室	水泥混凝土室
面积（≥m²）	20	20	20	20	25
名称	力学室	沥青室	沥青混合料室	化学室	样品室
面积（≥m²）	25	20	20	20	15
名称	无机结合料	外检室	储藏室	办公室	资料室
面积（≥m²）	20	20	根据需要	6 m²/人	20
名称	标准养护室				
面积（≥m²）	（1）根据高峰期试件养护的最大数量、样品架的容量及占用面积、室内公用面积以及所选用的温湿度控制仪主机的功率确定，建议单个标养室面积应≥40 m²				

注：工地试验室相关功能室面积可根据实际情况进行调整。

图 2.2-12 土工及无机结合料室示例

图 2.2-13 水泥室示例

2.2.3.7 试验仪器、设备安装。

（1）设备安装应按照设备使用说明书或实验规程相关要求进行。

（2）若设备需要安设基座与其固定，应在试验室建设时根据布局设计基座，基座顶面应保持水平，待设备就位调平后采用地脚螺栓进行固定。对基座有隔振要求的应设立不与其他构筑物直接相连的独立混凝土台座，周围存在振源时应在地面与台座间设 5 mm 厚橡胶垫。

（3）压力机、万能材料试验机等力学设备应设置金属防护罩或安全防护网，使用的防护网（罩）应安全、方便操作。

（4）各功能室电源插头宜整齐布设且高出地面 1.3 m 以上。操作台高度宜控制在 70~90 cm，台面宽度宜为 60~80 cm，台面为混凝土或铺设地板砖，表面应平整。操作台下设置储物隔柜。

2.2.3.8 档案资料管理。

（1）工地试验室的档案资料应有专人负责管理。各种试验资料应记录完整、真实、有效，严禁造假。

（2）试验检测原始数据应记录在统一印制的原始记录本上，原始记录统一用黑色笔填写，应做到填写规范、字迹清晰。原始数据不得转抄或涂改，当记录或书写错误需更正时，应采用正确的"划改"方式，并在旁边填上正确数据，同时加盖刻有试验人员姓名的印章或签字。

（3）建立完整的原材料进场检验、标准试验、现场抽样试验、工艺试验、验收试验、外委试验、检测不合格报告和试验检测报告汇总等台账。

（4）试验资料归档应分类明确、齐整有序、条目清晰。出具的各类试验报告、施工配料单等资料应及时完成签认，规范归档。签字不齐全，记录或报告不完整的资料不得归档。

2.2.3.9 其他要求。

（1）应建立健全各项工作制度和管理制度，如：试验检测工作程序，试验检测人员岗位责任制，仪器设备、档案资料、样品管理制度，安全、环保、卫生制度等。各项规章制度和主要设备的操作规程应上墙。

（2）试验人员作业前应按设备的操作规程进行检查，作业中应严格遵守劳动纪律、执行操作规程和有关的安全管理制度，作业后应及时做好设备的使用、维护、保养记录。

（3）对要求在特定环境下储存的样品，应严格控制环境条件。易燃、易潮和有毒的危险样品应隔离存放，做出明显标记。

（4）试验室室内环境应保持整洁卫生，试验废弃原材料回收或存放应符合环保要求。

2.2.4 场站建设。

2.2.4.1 场站建设（可参照图 2.2-14 实施）一般包括拌和站、钢筋加工场、预制场、施工材料存放场等建设。

2.2.4.2 公路建设应推行集约化管理，工厂化生产，实现"三个集中"，即混凝土集中拌制、钢筋集中加工、混凝土构件集中预制，充分发挥集约化施工的优势。

2 文明施工标准化

图 2.2-14 综合场站示例

2.2.4.3 项目招标前，项目建设管理单位应充分考虑集约化施工生产的要求，统筹规划，将具备多个合同段集中生产的工程集中招标，对不具备多个合同段集中生产的工程应尽量要求在单个合同段实行集约化施工生产。

2.2.4.4 路基排水工程的水沟盖板、防护工程预制块、隧道路基边沟盖板及其他设计要求的小型预制构件应集中预制、集中管理、统一工艺。

2.2.4.5 场内路面宜做硬化处理，道路及大型设备作业区不低于 20 cm 厚的 C20 混凝土硬化，基础不好时增设碎石掺石屑垫层。场内不允许积水，宜按照中间高四周低的原则预设不小于 1.5%排水坡度，四周宜设置砖砌排水沟，并采用 M7.5 砂浆抹面。

2.2.4.6 拌和站。

（1）拌和站（可参照图 2.2-15 实施）建设应综合考虑施工生产情况，合理划分拌和作业区、材料计量区、材料库、运输车辆停放区、试验区、集料堆放区及生活区。生活区应与其他区隔离，生活用房应按照本指南"2.2.2 驻地建设"的相关标准建设。

（2）拌和站场地面积、搅拌机组配置及产能应满足生产、施工需求和工程进度要求。

（3）水泥混凝土拌和站各罐体宜联接成整体，安装缆风绳和避雷设施，每一个罐体应喷涂成统一颜色，并绘制建设项目名称以及施工单位简称，两者竖向平行绘制，白底红字，字体醒目。

图 2.2-15　拌和站示例

（4）凡用于工程的砂石料应按不同粒径、不同品种分场存放，每区醒目位置设置材料标识牌（尺寸 60 cm×50 cm，具体样式参考图 2.2-14），并采用不小于 30 cm 厚的混凝土隔墙等构造物分隔，隔墙高度应确保不串料（一般不小于 2.5 m），堆料线、清仓线标识明确，堆料线距隔墙顶不小于 30 cm，清仓线距隔墙底应不小于 15 cm。

材料标识牌	
材料名称	规格型号
厂家产地	供应商
批（炉）号	数量
进厂日期	使用部位
试验人员	验收责任人
验收状态	见证监理
报告日期	报告编号

图 2.2-16　材料标识牌示例

（5）水泥混凝土储料场、路面面层储料场应用混凝土进行硬化处理，路面基层储料场可用水稳材料进行硬化处理。料场底应高于外部地面，修筑成向外顺坡（不小于 30%），并在料场口设置排水沟，防止料场积水。

（6）水泥混凝土储料场、路面面层储料场应搭设全封闭顶棚，顶棚宜采用轻型钢结构，高度应满足机械设备操作空间（一般不宜小于 7 m），并满足受力、防风、防雨、防雪等要求，并配备喷淋降尘设备，可参照图 2.2-17 实施。

图 2.2-17　全封闭储料仓示例

（7）拌和机操作房前应悬挂混凝土配合比公示牌，采用镀锌铁皮制作，尺寸 80 cm×60 cm，采用油漆喷涂确保不褪色，采用彩笔填写数字，字迹工整清晰，内容包括设计和施工配合比、粗集料实测含水量及各种材料的每盘用量等。

（8）作业平台、储料仓、集料仓、水泥罐等涉及人身安全的部位均应设置安全防护装置。传动系统裸露的部位应有防护装置和安全检修保护装置。

（9）应有专人定期进行拌和站的清理和打扫，保持拌和站内卫生。每次拌和作业完成后，应及时清洗机具，清理现场，做到场地整洁。

（10）砂石料场底部、上料台、上料输送带下部废料应经常清理并保持清洁。装载机铲料时严禁铲底。地面应定期洒水，对粉尘源进行覆盖遮挡。

（11）水泥、粉煤灰等材料进料时，应保证材料罐顶的密封性能，预留的通气孔应设有降尘措施；当粉尘较大时，应暂时停止上料，待处理完后方可继续。

（12）拌和站应配备必要的水洗设备和除尘设备，确保细集料洁净无杂质，确保环境达到环保要求。

2.2.4.7　钢筋加工场。

（1）每个标段根据实际情况，宜设置一座标准化的钢筋加工场，并配备专门的技术人员及管理人员。对标段内桥梁、隧道、涵洞等结构物的钢筋进行集中加工。加工场地应合理选择设置地点，宜采用集中加工配送方式，减少二次搬运量，做到加工与施工互不干扰。

（2）钢筋加工场应采用封闭式管理，场地内应按原材料堆放区、钢筋下料区、加工制作区、半成品堆放区、成品待检区、合格成品区、废料处理区、工人饮水区等科学合理设置，功能明确、标识清晰，同时增加人车隔离设施，可参照图 2.2-18 实施。

图 2.2-18　钢筋加工场示例

（3）场地面积应根据钢筋（材）加工量的大小、工期等要求设置，一般不低于 3 000 m²。

（4）钢筋加工场架构宜采用钢结构搭设，顶部采用固定式拱形防雨棚，立柱宜采用 H 形钢，高度应满足加工设备操作空间（一般不小于 7 m），建议在棚顶每 10 m 设置一条透明采光瓦，并设置避雷及防风的保护措施。

（5）钢筋加工机械设备应满足工程质量和进度需要，机械设备应根据加工工艺的流水线要求合理布设，做到作业"无缝化"，并悬挂机械操作安全规定公示牌（即安全操作规程）和设备标识牌。

（6）成品钢筋吊移宜采用龙门吊等专用吊装设备，设备应证照齐全、检验合格。金属加工机械（如卷扬机等）工作台应稳固可靠，防止受力倾斜。

（7）大型钢筋加工场宜配备数控钢筋弯曲机、数控弯箍机、数控钢筋笼滚焊机，保证工程所需各种钢筋均由机械加工成型，可参照图 2.2-19 实施。

2 文明施工标准化

图 2.2-19 自动滚焊机示例

（8）桩基、墩柱、预制梁板、小构件等钢筋骨架，盖梁骨架片、钢架等要在混凝土台上用定型胎架制作，应整体吊装。

（9）钢筋加工场标识标牌设置要求。焊接、切割、使用氧气、乙炔等易燃易爆、用电等场所应设置禁止、警告标识；机械设备应悬挂机械操作安全规定公示牌（即安全操作规程）和设备标识牌；各种原材料、半成品或成品应按其检验状态与结果、使用部位等进行标识；在加工制作区应悬挂各号钢筋的大样设计图，标明尺寸、部位，确保下料及加工准确。

（10）各种气瓶应有标准色，气瓶间距不小于 5 m，距明火不小于 10 m，且应采取隔离措施。气瓶使用或存放应符合要求，存放采用储存笼，气瓶应有防震圈和防护帽，运输使用专用小推车。

（11）易产生粉尘、有害气体的加工场、存放场应采取除尘、净化有害气体措施，且远离生活区、居民区，尽量将这类加工场设于场地下风向。

（12）加工剩余的短小材料及废料应合理回收、充分利用。

（13）严禁将不易腐化的合成材料、化工原料等擅自埋入地下。

2.2.4.8 预制梁场。

（1）预制梁场建设规模和设备配备应结合预制梁板的数量和预制工期来设置，可参照图 2.2-20 实施。

（2）预制梁场应尽量按照"工厂化、集约化、专业化"的要求规划、建设，每个预制梁场预制的梁板数量不宜少于 300 片。若个别受地形、运输条件限制的桥梁梁板需单独预制，规模可适当减小，但钢筋骨架定位胎膜、自动喷淋养护等设施仍应满足施生产要求。

（3）预制梁场原则上不宜设在主线征地范围内，若确实存在用地困难等特殊情况需要将预制场设于主线征地范围内时，应报项目建设管理单位审批。

（4）预制梁场选址以方便、合理、安全、经济及满足工期为原则，结合施工合同段所属预制梁板的尺寸、数量、架设要求以及运输条件等情况进行综合选址。

（5）预制梁场场地建设前施工单位应将梁场布置方案报监理工程师审批。方案内容应包含各类型梁板的台座数量、模板数量、生产能力、存梁区布置及最大存梁能力等。预制梁场应采用封闭式管理，场地内应按办公区、生活区、构件加工区、制梁区和存梁区、废料处理区、不合格品警示区等科学合理设置、功能明确、标识清晰。生活区应与其他区隔开，生活用房按照本指南"2.2.2 驻地建设"相关标准建设。

图 2.2-20 预制梁场示例

（6）预制梁场标识牌。预制场吊装作业区、安全通道应设置禁止标识；预制场的制梁区、存梁区、构件加工区等各生产区域应设置明示标识；张拉台座两端应设置禁止、警告标识，并设置钢板防护；正在使用的机械设备应在醒目位置悬挂机械操作安全规定公示牌(即安全操作规程)；易发生机械伤害的场所、施工现场出入口应设置禁止和警示标识。

（7）预制梁场自动喷淋养生设备。预制梁板采用土工布包裹外置养生棚喷淋养生，养生水应净化循环使用。喷淋水压加压泵应能保证提供足够的水压，确保梁板的每个部位均能养护到位，尤其是翼缘板底面及横隔板部位。

（8）预制梁场需满足冬季施工要求。预制梁场供热设备提倡使用节能环保设备，宜采用框架式移动养生棚蒸汽养生，养生棚防潮、隔热、保温，并配备专人记录养生棚温度。

（9）龙门吊设置与高压线保持安全距离，并设置自动夹轨器、滑触式供电系统。司机岗位职责、岗位安全操作规程牌（0.8 m×0.6 m）随机挂设，"施工重地，注意安全"警示牌（0.6 m×0.4 m）置于龙门吊下。

（10）场内应设置张拉防护台座，确保张拉操作时人员的安全，采用智能张拉与真空辅助压浆工艺。压浆过程严格控制溢浆数量，溢出浆液及时冲刷并设置专门沉淀池，集中清运。

2.2.4.9 施工材料存放。

（1）材料存放场、材料加工场选址除满足一般规定外，应尽量靠近使用地点，确保运输及卸料方便。模板、脚手架等周转材料，选择在装卸、取用、整理方便和靠近拟建工程地方放置。水泥、砂石料等原材料应靠近拌和站放置。

（2）各种材料进场均应有合格证或检验单等质量证明资料。

（3）各种材料的堆放应做到一头齐，一条线。

（4）预制构件的堆放位置要考虑吊装顺序，力求直接装卸就位。

（5）材料储存时应按使用次序分类、分批存放，并按规定做好标识。存放场地应留有足够宽度的通道便于装运及使用。

（6）集料按不同粒径、不同品种分仓存放，不得混堆或交叉堆放，砂石材料堆放呈梯形状，做到"条直层平"。

（7）袋装水泥、外加剂必须入库，库房尽量靠近拌和机，地面采用C15混凝土硬化，且有防潮措施。水泥按厂家、品种、批号，离地30 cm堆垛，垛高不超过10包，距离墙30 cm；散装水泥按不同厂家、强度、批号分罐保存。

（8）各集料需分设待检仓和已检合格仓，每个料仓的容量应满足最大单批次混凝土连续施工的需要，路面施工应满足连续摊铺需要，并留有一定的余地，同时应满足运输车辆和装载机等作业要求。

（9）周转料具存放应随拆、随整、随保养，码放整齐。大模板存放应有可靠的防倾倒措施，不得靠在其他模板或物件上。

（10）半成品及成品存放。存放场地应通风良好，宜搭设存储棚库。金属、木材及构配件等底部应按规定垫高，并避免与酸碱等易腐蚀性物质接触。木质材料或易变形材料应平放，不得挤压。成品钢筋构件，不能在5天内使用的，必须整体喷水泥浆做防锈处理。木材堆放应选择堆放点应尽可能远离危险品及有明火的地方，并应设置"严禁烟火"的标识和消防设施。易于滑落的材料堆放必须捆绑牢固，堆高不得超过 2 m。材料储存时应按使用、安装次序进行分类、分批存放，并按规定做好标识，小件（散件）材料及配件宜存放于箱、盒内。

（11）危险品存放。剧毒、放射源等危险物品存放必须符合防爆、防雷、防潮、防火、防鼠、防盗等要求，且远离生活区。

2.3 作业区设置及管理

2.3.1 现场作业区应进行有效的隔离，并满足《公路养护安全作业规程》（JTG H30—2015）的相关要求。隔离的目的是不妨碍群众通行和防止无关人员的进入。隔离的形式根据现场实际情况可采用彩钢板、水马、铁马、隔离栅栏等形式，确保设施稳定、顺直、干净、美观。

2.3.2 封闭围挡设置应符合本指南"2.2 临时设施建设"相关要求，且在主要路口、重点部位、关键节点，以及对周边社会环境影响大的段落处安装自动喷淋设施。

2.3.3 密目网设置要求。

（1）鼓励未硬化的裸露土地、堆积土方采取临时绿化或环保结壳型抑尘剂等新材料、新技术进行扬尘污染防治；不具备条件的应采取固化或使用绿色密目网（不低于 2000 目/100 cm²）进行全覆盖，可参照图 2.3-1 实施。

（2）施工、监理单位应不定期对施工现场的覆盖情况进行检查，发现破损时应及时更换，废弃、破损的密目网应及时回收入库，严禁随意丢弃、现场填埋或焚烧，造成二次污染。

图 2.3-1 施工现场密目网覆盖示例

2.3.4 现场根据施工工人聚集情况，设置移动式工人休息处，配备必要的座椅和防暑降温设施、物品。

2.3.5 作业区宜设置吸烟点（室）、厕所、分类垃圾桶等生活设施，厕所应设置固定式或移动式厕所，宜绿色、生态、环保，厕所地面应硬化，门窗应齐全。

2.3.6 可在大型桥梁、隧道等重要部位设置安全体验区，进行事故模拟，加大对一线作业人员的安全教育力度，提升应急处置能力。

2.4 交通组织

2.4.1 作业控制区设置要求。

（1）普通国道、省道改建、扩建、公路养护等需在老路上进行扩建、挖补、罩面，且需保证老路通行的施工作业，应制定专项交通组织设计。应根据《公路养护安全作业规程》（JTG H30—2015）规定，设置作业控制区，并按警告区、上游过渡区、纵向缓冲区、工作区、下游过渡区和终止区的顺序依次布置。

（2）改建、扩建工程，长期和短期养护作业应布置警告、上游过渡、缓冲、工作、下游过渡、终止等区域；临时养护作业控制区置可在长、短期养护作业基础减小区段长度，有移动式标志车时也可不布置上游过渡区；移动养护作业控制区可仅布警告区和工作区，警告区长度可减小。

2.4.2 作业控制区内限速要求。

（1）限速过程应在警告区内完成。

（2）限速应采用逐级限速或重复提示限速方法。逐级限速宜每 100 m 降低 10 km/h。相邻限速标识间距不宜小于 200 m。

（3）最终限速值不应大于表 2.4-1 规定。当最终限速值对应的预留行车宽度不符合要求时，应降低最终限速值。

表 2.4-1 作业控制区内限速要求

设计速度/（km/h）	限速值/（km/h）	预留行车道宽度/m
120	80	3.75
100	60	3.50
80	40	3.50
60	30	3.25
40	30	3.25
30	20	3.00
20	20	3.00

（4）高速公路及一级公路封闭路肩养护作业，可按表 2.4-1 中的最终限值提高 10 km/h 或 20 km/h。

（5）隧道养护作业，按表 2.4-1 中的最终限值可降低 10 km/h 或 20 km/h，但不宜小于 20 km/h。

2.4.3 交通安全设施。

（1）临时标志（包括施工标志、限速标志等）。施工标志宜布设在警告区起点；限速标志宜布设在警告区的不同断面处；解除限速标识宜布设在终止区末端；"重车靠右停靠区标志"应用于控制大型载重汽车在特大、大桥和特殊结构桥梁上的通行，可参照图 2.4-1 实施。

图 2.4-1　交通指示牌示例

（2）临时标线。老路加宽、长期养护作业应在通行路段施划临时标线，包括渠化交通标线和导向交通标线，应为易清除的临时反光标线。渠化交通标线应为橙色虚、实线；导向交通标线应为醒目的橙色实线。

（3）车道渠化设施包括交通锥、防撞桶、水马、防撞墙、隔离墩、附设警示灯的路栏等，其使用应符合表 2.4-2 的规定。

表 2.4-2　交通设施规定

设施名称	使用要求
交通锥	形状、颜色和尺寸应符合现行《道路交通标志和标线》（GB 5768）的有关规定，布设在上游过渡区、缓冲区、工作区和下游过渡区。布设间距不宜大于 10 m，其中上游过渡区和工作区布设间距不宜大于 4 m
防撞桶	颜色应为黄、黑相间，顶部可附设警示灯，宜布设在工作区或上游过渡区与缓冲区之间。使用前应灌水，灌水量不应小于其内部容积的 90%。在冰冻季节，可采用灌砂的方法，灌砂量不应小于其内部容积的 90%。宜与施工隔离墩组合使用

续表

设施名称	使用要求
水马	颜色应为橙色或红色,高度不得小于 40 cm,宜布设在工作区或上游过渡区与缓冲区之间。使用前应灌水,灌水量不应小于其内部容积的 90%。在冰冻季节,可采用灌砂的方法,灌砂量不应小于其内部容积 90%
附设警示灯的路栏	颜色应为黄、黑相间,宜布设在工作区或上游过渡区与缓冲区之间

（4）照明设施和语音提示设施可用于夜间施工作业,照明设施应布设在工作区侧面,照明方向应背对非封闭车道。语音提示设施宜根据需要布设在远离居民生活区的养护作业控制区。

（5）闪光设施可包括闪光箭头、警示频闪灯和车辆闪光灯。闪光箭头宜布设在上游过渡区；警示频闪灯宜布设在需加强警示的区域,宜为黄蓝相间的警示频闪灯；车辆闪光灯应为 360°旋转黄闪灯,可用于养护作业车辆或移动式标志车。

（6）临时交通控制信号设施灯光颜色应为红、绿两种,可交替发光,可用于双向交替通行的养护作业,宜布设在上游过渡区和下游过渡区。

（7）移动式标志车颜色应为黄色,顶部应安装黄色警示灯,后部应安装标志灯,可用于临时养护作业或移动养护作业。

（8）移动式护栏应符合现行《公路交通安全设施设计规范》(JTG D81—2017)中的有关防护等级规定。

2.4.4 交通分流。交通布控分流应按照"提前预告、重点分流、逐级设防、现场处置"的方针进行布置。

（1）提前预告。提前 7 日通过报纸广播及网络等新闻媒体发布施工公告和绕行方案,加大宣传力度,提前告知社会公众。在车辆驶往本区域的各个方向,在可以分流的相关路网的互通立交、收费站等交通枢纽位置,提前设置大型指示牌,提示车辆绕行,提前疏导交通压力。

（2）重点分流。节假日、重大活动期间,应在互通立交、收费站等重要分流地点,设专人指挥交通,确保车辆安全顺利通过。

（3）逐级设防。应在每个分流点前均设置指示牌对过往车辆进行多次提示,避免驾驶人员错过提示标志。

（4）现场处置。应在施工现场安排专职安全人员,对个别驶入重点路段的大型车辆采取及时疏导,使其顺利驶离施工区域。当有车辆在施工区域出现故障时,及时进行合理的处置。

（5）提示标志设置地点、内容，应经过交警、路政部门的审批。在夜晚、雨天视线不好时，配以电子提示牌或安装灯光主动照射指示牌，以指示分流。应组织专门人员及队伍负责对于绕行指示牌的维护和更换，需要更换时，提前告知交警、路政部门，做到快速、准确。

（6）在正式封路施工前，做好每一施工路段的应急预案，并上报交警、路政部门。通过媒体发布的施工公告、绕行提示，均需要通过交警、路政部门的审批。应制定保障交通畅通的应急预案，所需应急物资定点存放，一旦发生交通拥堵，及时疏导交通。

2.5　施工现场出入口及其附属设施

2.5.1　路口彩钢板安装要求。

（1）主要路口彩钢板围封高度不低于 2.5 m，应符合本指南"2.2 临时设施建设"相关要求，并保持顶面平整，围挡顺直，板面洁净，安装自动喷淋设备。

（2）彩钢板正面统一设置济南公路系统的安全、文明施工宣传口号。

2.5.2　路口大门设置要求。

（1）出入口应安装大门，大门门框尺寸应大于 6 m×6 m，上部设置 LED 屏显示公司简称和标识，横梁设公司全名，两侧立柱张贴宣传口号。大门采用非通透式铁质大门，并贴"济南公路"四个大字，两侧应设置广角镜、警示桩等安全设施。

（2）大门旁边设门禁设施及门卫室，落实施工人员车辆出入登记制度，对进出场人员、车辆严格考勤，严禁无关人员进入施工现场。场站、大型桥梁、隧道出入口应安装智能门禁系统，并应符合本指南"5.4 智能门禁系统"的相关要求。

（3）施工现场大门处醒目位置应设置工程概况牌、安全生产牌、消防制度牌、文明施工牌、危险源告知牌、质量监督牌、廉政监督牌、农民工工资公示牌及施工平面图。

（4）驻地、工地试验室及场站宜采用封闭式管理，四周设置围墙，入口设置自动伸缩门和值班室，建立出入人员登记制度，严格对出入车辆、人员进行管控。场地及主要道路应做硬化处理，排水设施完善，场院内适当绿化，环境优美整洁，生活、生产污水和垃圾应集中收集处理。

（5）驻地及场站门口自动伸缩门，宽度不小于 6 m（墙高不低 185 cm，基础高不低于 25 cm）。门口设立统一门牌，设置在驻地大门右侧适宜高度，材料采用不锈钢，项目名称牌尺寸为 250 cm×35 cm×3 cm（中间微鼓），项目名称及标段名称与公章相同，字号以合适字号为准。在门口处合适位置悬挂工程公示牌，尺寸为 100 cm×80 cm×3 cm，应包含工程内容、施工工期、管理人员、监督电话等内容。

2.5.3 定型化车辆冲洗设备。施工现场主要出入口、场站大门内侧应设置定型化车辆冲洗设备，设专人进行管理，可参照图 2.5-1 实施，并应符合以下要求：

（1）定型化车辆冲洗设备应距离出入口 30 m，长度 9 m，宽 4 m。冲洗设备两侧应各设置 2 排 10 个喷水嘴和不小于 1.3 m 的挡水板，底板设不少于 100 个 4 mm 的喷水孔，喷水时能相互交叉，达到多方位多角度清洗工程车辆轮胎、车体。

（2）应设置沉淀池，达到重复循环用水，排水坡度应大于 5%。沉淀池采用砖砌筑，砂浆抹面，底板应使用商品混凝土硬化。应满足储水水量需要。沉淀池四周应设置隔离设施或其他防护设施，沉淀池表面应罩带骨架的金属网片。清除污泥等废物必须经沉淀、干燥处理后，方可外运。

（3）施工现场使用高压水枪等其他冲洗装置的，大门处必须设置排水沟，确保出入口无积水、积泥，污水不得外溢污染道路。

图 2.5-1 洗车台示例

2.5.4 平交路口。

（1）平交路口或临时出入口两侧设置不小于 20 m 的通透式网状隔离，避免遮挡交通视线，并设专人指挥交通。

（2）前行方向距路口 50 m、40 m 处围挡上分别设置安全提示、图形提示牌，可参照图 2.5-2 实施。

图 2.5-2 安全提示示例

2.5.5 其他要求。

（1）出入口两侧 100 m 范围内，平交路两侧间隔 10 m 安装济南公路和承包单位的彩旗，悬挂安全生产、文明施工的标语条幅。

（2）加强对出入口路段的保洁管理，重要路口配备专人清扫，每天采用洗扫车洗扫不少于 2 次，洒水车全断面洒水、冲洗不少于 4 次。

（3）如交通流量较大的被交路口无照明设施，应在路口前后各 200 m 范围内间距 30 m 设置不低于 150 W 的高亮度太阳能路灯，灯杆高度不低于 5 m。

2.6 施工临时标识牌及安全文明设施

2.6.1 合同段情况简介牌。

（1）设置位置。应设置在合同段起、终点，便道外侧 1 m 范围内，正面面向来车方向公路。

（2）简介牌材质及规格要求。标牌为双柱式结构，面板采用铝合金板或玻璃钢板制作，保证坚固及表面光滑整洁，尺寸 3 m（长）×2 m（高），立柱采用镀锌钢管。

（3）简介牌版面内容。应为蓝底白字，包含项目名称、合同段编号、起讫桩号、建设单位及责任人名称、设计单位及责任人名称、监理单位及责任人名称、施工单位及责任人名称、监督单位及其联系方式（电话等）等信息内容。具体版式及版面内容要求如表 2.6-1 所示。

表 2.6-1 简介版面内容要求

项目名称：	
合同段编号及起讫桩号：	
标段简介：	
建设单位：	责任人：
设计单位：	责任人：
监理单位：	责任人：
施工单位：	责任人：
监督单位：	电话：

2.6.2 分部工程现场标识牌。

（1）设置位置。应设置在路基、基层、沥青、涵洞通道、桥梁、隧道等施工现场的显著位置。

（2）标识牌材质及规格要求。标牌为双柱式结构，面板采用铝合金板或玻璃钢板制作，保证坚固及表面光滑整洁，尺寸 1 m（长）×0.6 m（高），立柱采用镀锌钢管。

（3）标识牌版式及内容。版面应为蓝底白字。具体示例如图 2.6-1 ~ 图 2.6-4。

填筑平整区段						
K + —k +						
机械组合：						
自卸车：	型号	推土机：	型号		平地机：	型号
	数量		数量			数量
技术负责人：		质量负责人：		监理负责人：		

图 2.6-1　填筑平整区段标识牌

碾压区段			
k + —k +			
设备：			
压路机型号：		数量：	
累计层数： 层	虚铺厚度： cm		压实厚度： cm
土类：	最佳含水量： %	最大干密度：	
承载比（CBR）： %		压实度分区：	
技术负责人：	质量责任人：	监理负责人：	

图 2.6-2　碾压待检路段标识牌

基层养生区段
k + —k +
养生方法：
养生零期：

图 2.6-3　基层施工路段标识牌

台背回填区段
台背回填位置：
填料类型：
压实方法：
累计层数：
层厚：
压实度：

图 2.6-4　台背回填标识牌

其他各分部工程可参照以上标识牌内容制作。如各标识牌为活动标牌，开始施工时设置标牌，该部位完工时应将标牌收回。

2.7 施工便道、便桥

2.7.1 施工便道、便桥尽量不占用农田、少开挖山体，节约资源、保护环境。

2.7.2 便道、便桥的断面要求。

（1）施工主便道及钢筋加工场、拌和站施工便道路基宽不小于 7.5 m，路面宽度不小于 6.5 m；其他施工道路基宽度不小于 4.5 m，路面宽度不小于 3.5 m；曲线或地形复杂地段应适当加宽。视地形条件和视距要求，在适当位置设置长度不小于 20 m，路面宽度不小于 5.5 m 的错车道。

（2）便桥结构按照实际情况专门设计，同时应满足排洪要求，人行便桥宽度不小于 2.5 m，人车混行便桥宽度不小于 4.5 m。

2.7.3 便道路面最低标准应采用泥结碎石或级配碎石。在条件允许的情况下，便道路面可采用隧道洞渣或矿渣铺筑。特大桥、隧道洞口、拌和站和预制场等大型作业区进出便道 200 m 范围路面宜采用不小于 20 cm 厚的 C20 混凝土硬化。

2.7.4 便道两侧设置排水系统，在汇水面积较大的低凹处设置涵洞，以满足排水泄洪要求。

2.7.5 便桥高度不低于上年最高洪水位。桥头设置限高、限重、限速标牌，桥面设立栏杆防护，并在适当位置设置醒目的警示反光标识。

2.7.6 施工期间应指定专人（队）负责施工便道、便桥的日常检查和养护，及时修复路面坑槽、清理排水沟和涵洞的淤泥、杂物，保障便道、便桥畅通。

2.7.7 便道路口应设置限速标志，与建筑物、路口转角、视线不良地段应设置明示标志；跨越（临近）道路施工应设置警告标志，道路危险段应设置防护及警告标志；途径小桥，应设置限载、限宽标志；途径通道，应设置限宽、限高警告标志；路线明显变化处、便道平面交叉处，应设置指路和警告标志。

2.8 临时用电

2.8.1 施工现场、驻地、试验室及场站内临时用电应符合《施工现场临时用电安全技术规范》（JGJ 46—2005）的有关规定。

2.8.2 临时用电设备在 5 台以上或设备总容量在 50 kW 及以上者,应编制用电组织设计。

2.8.3 临时用电设施、电线电缆、绝缘设备、变压器等宜采用带有"中国环保产品认证"标志的产品。施工现场用电宜接入国家电网,减少柴油发电机的使用,如需使用柴油发电机时,应使用国Ⅳ标准柴油做燃料。

2.8.4 施工现场临时用电工程专用的电源中性点直接接地的 220 V/380 V 三相四线制低压电力系统,必须符合以下规定:

(1) 采用三级配电系统。

(2) 采用 TN-S 接零保护系统。

(3) 采用二级保护系统。

2.8.5 电线架设应符合下列规定:

(1) 架空线路宜避开施工作业面、作业棚,生活设施与器材堆放场地。

(2) 架空线路边线无法避开在建工程(含脚手架)时,其安全距离应符合表 2.8-1 的规定。

表 2.8-1 外电架空线路边线外侧边缘与在建工程(含脚手架)间安全距离

外电线电压等级/kV	<1	1~10	35~110	220	330~500
安全距离/m	4	6	8	10	15

(3) 施工现场的机动车道与外电架空线路交叉时,架空线路的最低点与路面的垂直安全距离应符合表 2.8-2 的规定。

表 2.8-2 施工现场的机动车道与外电架空线路交叉时的垂直安全距离

外电线电压等级/kV	<1	1~10	35
安全距离/m	6	7	8

2.8.6 铺设电缆线应符合下列规定:

(1) 施工现场开挖沟槽边缘与埋设电缆沟槽边缘的安全距离不得小于 0.5 m。

(2) 地下埋设电缆应设防护管。

(3) 架空铺设电缆应沿墙或电杆做绝缘固定。

(4) 通往水上的岸电应用绝缘物架设,电缆线应留有余量,作业过程中不得挤压拉拽电缆线。

2.8.7 水上或潮湿地带的电缆线必须绝缘良好并具有防水功能，电缆线接头必须经防水处理。

2.8.8 每台用电设备必须独立设置开关箱。开关箱必须装设隔离开关及短路、过载、漏电保护器，严禁设置分路开关。配电箱、开关箱的电源进线端严禁用插头和插座做活动连接。

2.8.9 配电箱及开关箱设置应符合下列规定：

（1）总配电箱应设在靠近电源的区域；分配电箱应设在用电设备或负荷相对集中的区域。开关箱与分配电箱的距离不得大于30 m，开天箱应靠近用电设备，与其控制的固定式用电设备水平距离不宜大于3 m。

（2）动力配电箱与照明配电箱宜分别设置。合并设置的配电箱，动力和照明应分路设置。

（3）配电箱、开关箱应装设在干燥，通风及常温场所，不得装设在存在瓦斯、烟气潮气及其他有害介质的场所。

（4）配电箱、开关箱应选用专业厂家定型、合格的产品。

（5）固定式配电箱、开关箱应装设端正、牢固。移动式配电箱、开关箱应装设在坚固、稳定的支架上。

（6）配电箱、开关箱均编号配锁，标明负责人姓名、联系电话、使用部位，张贴安全警示标识牌，设专人负责管理。配电房（室）、变压器等固定电力设备均设安全防护屏障或网栅围栏，高度不低于2.5 m，应设置明显的禁止、警告标识。

2.8.10 遇有临时停电、停工、检修或移动电气设备时，应关闭电源。

2.9 特种设备

2.9.1 电焊与气焊。

2.9.1.1 电工、焊接与热切割作业人员应按照有关规定经专业机构培训，并应取得相应的从业资格。

2.9.1.2 电工、焊接与热切割作业人员应按规定正确佩戴、使用劳动防护用品。

2.9.1.3 储存、搬运、使用氧气瓶、乙炔瓶除应符合《焊接与切割安全》（GB 9448—1999）的有关规定外，尚应符合下列规定：

（1）气瓶、阀门、焊具、胶管等均不得沾污油脂，作业人员不得使用油污手套操作。

（2）压力表、安全阀、橡胶软管和回火保护器等均应定期校验或试验，标识应清晰。

（3）使用的气瓶应稳固竖立或装在专用车（架）或固定装置上。

（4）气瓶与实际焊接或切割作业点的距离应大于 10 m，无法达到的应设置耐火屏障。

（5）气割作业氧气瓶与乙炔瓶之间的距离不得小于 5 m，可参照图 2.9-1 实施。

（6）电、气焊作业点和气瓶存放点应按规定配备灭火器材。

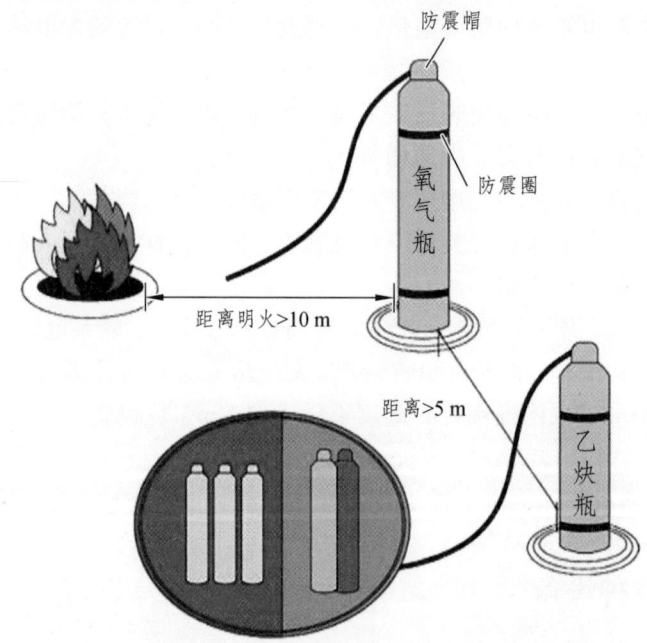

图 2.9-1　氧气瓶与乙炔瓶放置示例

2.9.1.4　电焊机进出线处应设置防护罩。

2.9.1.5　电焊钳的绝缘和隔热性能应满足要求，钳柄与导线应连接牢固，电缆芯线不得外露。

2.9.1.6　电焊机应置于干燥、通风的位置，露天使用电焊机应设防雨、防潮装置，移动电焊机时应切断电源。

2.9.1.7　不宜使用交流电焊机。使用交流电焊机时，除应在开关箱内装设一次侧漏电保护器外，尚应安装二次侧空载降压触电保护器。

2.9.1.8 使用过危险化学品的容器、设备、桶槽、管道、舱室等,动火前必须清洗,并经测爆合格。

2.9.1.9 密闭空间内实施焊接及切割,相关电源应置于密闭空间外。

2.9.1.10 密闭空间焊接作业应设专人监护,并按照要求设置通风、绝缘、照明装置和应急救援装备。

2.9.1.11 高处电焊、气割作业,作业区周围和下方应采取防火措施,按要求配备消防器材,并应设专人巡视。

2.9.1.12 雨天严禁露天电焊作业。潮湿区域作业人员必须在干燥绝缘物体上焊接作业。

2.9.2 起重吊装。

2.9.2.1 起重吊装应符合《建筑施工起重吊装工程安全技术规范》(JGJ 276—2012)、《起重机械安全规程 第1部分:总则》(GB 6067.1—2010)及《公路工程施工安全技术规范》(JTG F90—2015)的有关规定。

2.9.2.2 起重机械司机、起重信号司索工、起重机械安装拆卸工应按照有关规定经专业机构培训,并应取得相应的从业资格。

2.9.2.3 起重作业人员应穿防滑鞋、戴安全帽,高处作业时应按规定佩挂安全带,可参照图2.9-2、图2.9-3实施。

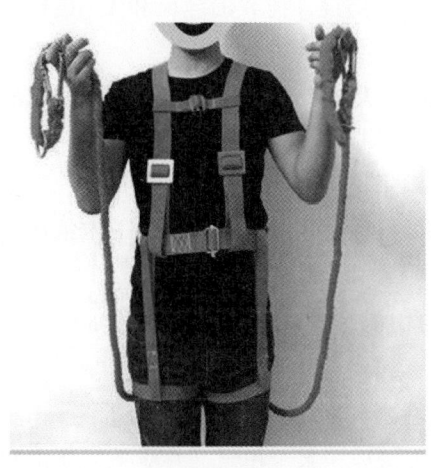 

图 2.9-2 安全带　　　　　　图 2.9-3 防滑鞋

2.9.2.4 吊装作业应设警戒区,警戒区不得小于起吊物坠落影响范围。

2.9.2.5 作业前应检查起重设备安全装置、钢丝绳、滑轮、吊索、卡环、地锚等。

2.9.2.6 流动式起重设备通行的道路，作业场地应平整坚实，吊装前支腿应全部打开，并应按要求铺设垫木。

2.9.2.7 高空吊装梁等大型构件应在构件两端设溜绳。

2.9.2.8 吊装大、重、新结构构件和采用新的吊装工艺应先进行试吊。

2.9.2.9 起重机与架空输电线的安全距离应满足本指南"2.8 临时用电"的相关规定。当需要在小于规定的安全距离范围内进行作业时，必须采取严格的安全保护措施，并应按照相关规定经有关部门批准。

2.9.2.10 双机抬吊宜选用同类型或性能相近的起重机，负载分配应合理，单机载荷不得超过额定起重量的80%。两机应协调起吊和就位，起吊速度应平稳缓慢。

2.9.2.11 缆索吊机系统施工应符合下列规定：

（1）吊塔、扣塔及相应索具、风缆、镭碇均应进行稳定性验算，安全系数应满足最不利工况要求。

（2）缆索吊机所用材料、设备等进场前，应进行验收，材料应无损伤无变形，强度、刚度应满足设计要求。主缆宜采用钢丝绳，安全系数不得小于3。

（3）吊塔、扣塔塔架前居及侧向应设置缆风索，缆风索安全系数应大于2。

（4）缆索吊机正式吊装前应分别按1.25倍设计荷载的静荷和1.1倍设计荷载的动荷进行起吊试验。

（5）塔架顶部应设置可靠的避雷装置；人员上下塔架应配备符合要求的电梯或爬梯，不得徒手攀爬。

2.9.2.12 起重机严禁吊人，严禁采用斜拉、斜吊，严禁超载吊装，严禁吊装起吊重量不明、埋于地下或黏结在地面上的构件，吊起的构件上不得堆放或悬挂零星物件。

2.9.2.13 作业人员严禁在已吊起的构件下或起重臂下旋转范围内作业或通行。

2.9.2.14 吊装作业临时固定工具应在永久固定的连接稳固后拆除。

2.9.2.15 雨、雪天气后，吊装前，应清理积水、积雪，并应采取防滑和防漏电措施，作业前，应先试吊。

2.9.3 高处作业。

2.9.3.1 高处作业应符合《建筑施工高处作业安全技术规范》（JGJ 80—2016）及《公路工程施工安全技术规范》（JTG F90—2015）的有关规定。

2.9.3.2 高处作业不得同时上下交叉进行。

2.9.3.3 高处作业下方警戒区设置应符合《高处作业分级》(GB 3608—2008)的有关规定。

2.9.3.4 严禁安全绳用作悬吊绳。严禁安全绳与悬吊绳共用连接器。新更换安全绳格及力学性能必须符合规定，并加设绳套。

2.9.3.5 人行塔梯宜采用专业厂家定型产品。人行塔梯安装应符合下列规定：

（1）顶部和各节平台应满铺防滑面板并牢固固定，四周应设置安全护栏。

（2）人行塔梯基础应稳固，四脚应垫平，并应与基础固定。

（3）塔梯连接螺栓应紧固，并应采取防退扣措施。

（4）人行塔梯高度超过5 m应设连墙件。

（5）用电线路不宜装设在塔梯上，必须装设时，线路与塔体间应绝缘。

（6）人行塔梯通往作业面通道的两侧宜用钢丝网封闭。

2.9.3.6 高处作业吊篮安装拆卸工应按照有关规定经专业机构培训，并应取得相应的从业资格。

2.9.3.7 登高梯上端应固定，吊篮和临时工作台应绑扎牢靠，吊篮和工作台的脚手板必须铺平绑牢，严禁出现探头板。

2.9.3.8 脚手架应设排水措施，遇洪水或大雨浸泡后，应重新检验脚手架基础。冻胀土基础应设防冻胀措施。

2.9.3.9 架子工应按照有关规定经专业机构培训，并应取得相应的从业资格。作业时应戴安全帽、穿防滑鞋、系安全带。

2.9.3.10 高处作业现场所有可能坠落的物件均应预先撤除或固定。所存物料应堆放平稳，随身工具应装入工具袋，不得向下抛掷拆卸的物料。

2.9.4 机械设备。

2.9.4.1 工程建设中使用的非道路移动机械，必须满足国三及以上排放标准，达不到标准的必须采取污染控制措施，按规定应淘汰的机械要坚决淘汰，禁止进入工程现场。并按照相关要求，配合完成非道路移动机械环保编码登记工作。

2.9.4.2 现场各类机械设备应符合施工组织设计（方案）要求，证件齐全、状态良好。现场各类机械设备停放位置应合理规划、分区布置、摆放整齐。非施工机械、车辆严禁放置于施工作业区域内。施工机械设备应安全可靠，运转正常，严禁带病作业。施工单位应定期对施工机械（具）设备进行检查维修、保养清洗，现场油渍及时清理。

2.9.4.3 大型机械施工现场应严格执行一机一人专职防护,做到"五个一",即:一机、一人(专职防护)、一本(机械施工日志)、一牌(设备标识牌)、一证(机械操作证)。每台机械都应悬挂机械设备标识牌。

(1)正在使用的机械设备应在醒目位置悬挂机械操作安全规定公示牌(即安全操作规程)。易发生机械伤害的场所、施工现场出入口应设置禁止和警示标识。

(2)机械作业人员进入施工现场作业前,应按设备操作规程进行检查。作业中严格遵守劳动纪律,不得酒后上岗或连续疲劳作业,应严格执行操作规程和相关安全规章制度,并做好设备使用、维护、保养记录。

(3)施工现场各类机具设备应定期检查。线缆接头应绑扎牢固,确保不漏油、不透水、不漏电。

(4)挖掘机、装载机、吊车等机械作业范围内如有高压线、管线等,应尽可能避免机械化作业或派专人指挥监控作业。挖掘机、装载机作业时,铲斗内、臂杆、履带和机棚上严禁载人,其回转范围内不得有人或机械通过。

(5)运输车辆防护应符合当地的相关规定。运输车辆不得超速、超载、超限,不得人货混载,驾驶室不得超定员搭乘。自卸式汽车翻斗内严禁载人。

(6)施工场地狭小,行人和机械作业繁忙地段应设临时交通指挥员。

(7)大型施工机械施工现场应做到"四严禁",即:严禁使用没有制造资质的企业生产的设备;严禁使用没有经过专业培训的人员进行大型机械操作;严禁施工现场大型机械违施工作业;严禁大型机械带故障作业。

2.9.4.4 机械、车辆场地尽量选在荒地或植被稀少的地带,并不堵碍天然水系,场内不能积水。

2.9.4.5 在对机械车辆进行维修保养时,在机械保养台进行,并回收废油,尽量减少油污对环境的影响,维修保养宜集中进行,所产生的含油污水集中处理。对固态浸油废物,施工过程中产生的废弃机具配件、包装物应单独收集、封装,运到垃圾场处理。

2.9.4.6 机械在不作业时应减少发动时间,并定期检查更换尾气处理设施,减少空气污染。

2.9.5 渣土物料运输车辆。

2.9.5.1 各参建单位应依据合同和政府监管部门关于渣土车辆相关要求,签订渣土物料车辆管理责任书,明确管理责任及管理目标。施工单位应对所使用的车辆建立动态管理台账,严禁使用手续、证照不全等不符合要求的车辆。

2.9.5.2 渣土物料运输车辆应严格落实施工现场车辆冲洗要求，出入工地现场应冲洗干净后方可上路行驶。渣土车辆确保 100%密闭覆盖，防止抛洒遗漏物料污染路面，严禁超载超速。运输作业按规定的路线和规定时段行驶，利用信息手段实现进出工地全程监控。

2.9.5.3 运输车辆应安装倒车雷达（或倒车影像系统）和定位装置系统，实时监测记录装料时间、到达现场时间、使用具体部位等信息。

2.9.5.4 渣土物料运输企业应符号下列要求：

（1）具有合法的道路运输经营许可证、车辆行驶证。

（2）运输车辆具备厢体密闭、安装具有卫星定位功能的行驶记录仪等电子装置。

（3）拥有适度数量规模的自有运输车辆。

（4）具备符合条件的驾驶人员。

（5）具备健全的运输车辆营运、安全、质量、保养、管理制度。

2.9.5.5 施工单位应建立与当地交警、渣土办等部门对本项目所使用的渣土物料运输车辆联席检查制度，定期或不定期地对运输车辆手续、驾驶人员证照、行驶路线及时段等进行专项检查，确保渣土物料运输车辆合法合规。

3 文明施工精细化

3.1 一般规定

3.1.1 公路建设项目应切中容易出现的问题，在质量、安全、环保等方面进行精细化集成提炼，提升文明施工"精益智造"之能。

3.1.2 公路工程施工要体现本区域的实际情况，着重从工序、技术、工艺和管理的角度入手精细化管理，更加有效的消除质量通病，提高施工管理水平。

3.1.3 公路工程施工前应按照"连续性、均衡性、协调性、经济性"的原则编制施工组织设计。对技术条件复杂的工程，应进行多方案比选，编制安全可靠、技术可行、经济合理的专项施工技术方案和专项安全技术方案。

3.1.4 在建项目应积极推广新技术、新工艺、新材料、新设备的应用，积极总结各种成熟和先进的施工工艺和工法，提高施工管理和技术水平。

3.1.5 开工前按照程序做好各项准备工作。

（1）在开工前，应对设计文件进行审核，做好设计交底。

（2）施工单位在做好现场调查后，应根据设计要求、合同和现场的实际情况，编制实施性施工组织设计，按规定报批。

（3）在开工前应建立健全项目的质量、环保、安全、廉政和检测管理体系。施工单位对各施工班组、施工人员进行岗前培训和技术、安全交底。

（4）严格落实首件工程认可制。分项工程施工方案批复后，施工单位应提出首件工程开工申请，经监理机构审核批复后，进行技术交底、备案。首件工程完成，经监理机构认可后，方可组织该分项工程的大面积实施。

3.1.6 施工临建环保措施。

（1）施工营地、临时驻地避开特殊景观区域，选建在路基外的荒地或植被稀少的区域，并尽量减少用地数量。

（2）日常生活要注意环境卫生，生活垃圾按可降解垃圾、不可降解垃圾、特殊垃圾分类放置。可降解垃圾采取掩埋措施，不可降解垃圾、特殊垃圾集中运至垃圾处理站处理。不允许随地乱丢烟头、烟盒、饮料瓶等垃圾。

（3）施工营地和临时驻地使用结束后，应及时清理场地，清除油渍和垃圾，平整场地，尽量恢复原有地貌和植被。

（4）便道上严禁乱丢垃圾，并应采取降尘措施。

3.1.7 沿线植被、水体、文物保护。

（1）工程参建人员应熟悉环评和水保批复的内容，在工程实施过程中应将环保、水保批复内容纳入日常工作中，做到"同步设计、同步实施、同步验收"。

（2）对于古树名木等有保存价值的植物，应事先联系当地林业部门，配合林业部门采取保护措施。

（3）将清表及开挖范围严格控制在施工范围内，不得破坏施工范围以外的植被和土壤。

（4）采取必要的措施防止施工中的燃料、油、沥青、化学物质、污水、废料和垃圾等有害物质对河流、湖泊、池塘和水库的污染。

3.1.8 施工或生产时要合理安排工序，易扬尘的部位、节点、路段、结构拆除等应工序采用湿法作业。遇有4级及以上大风或重污染天气时，应停止易生产扬尘的生产和施工工艺，发布红色重污染天气预警时应停止一切施工作业。

3.1.9 落实上级秋冬季、采暖季施工的相关规定，按要求及时办理施工绿色通道特许证，采暖季期间未经批准一律不得擅自实施土石方作业。

3.1.10 施工现场产生的噪声应符合现行的相关标准要求。邻近居民区，大型施工机械应安装消音设备，最大程度降低工地噪声，合理安排工作人员作业时间，采取降噪、防护措施，减少接触高噪声的时间和危害。当施工工地距离住宅区小于150 m时，不得在夜间安排噪声大于55 dB的机械施工。

3.2 路基工程

3.2.1 基本要求。

（1）路基开工前，应在全面理解设计要求和设计交底的基础上，进行现场调查和核对。项目建设管理单位组织设计单位、监理单位、施工单位和沿线的地方政府，对涉及沿线厂矿企业、村镇通行及农业生产的跨线桥、通道、涵洞等进行核查；并核查排水系统设计是否完善、合理，以及排水结构物的基础高程和走向，使全线的构造物满足功能要求，确保工程完工后不影响工程沿线地区的生产、生活。

（2）除图纸设计允许，在服务区、停车区、养护工区、收费站、互通立交、分离式路基两幅之间等范围内，严禁施工单位进行挖掘取土、弃料工作。

（3）路基施工应保证清表、上土、整平、压实等工序紧凑，施工过程中易扬尘作业区需配置足够数量水车、雾炮车，保证湿法作业，确保现场无扬尘。

（4）路基施工应及时完善临时排水设施，修筑边坡临时急流槽和排水沟，保证水路畅通，做到路基表面不积水，边坡不冲刷。路基排水应合理设置路线排水系统，及时排泄路基路面水，不污染农田。道路边沟、桥梁、涵洞与原有水系有机结合，以优化天然水流，化弊为利。

（5）边坡防护未施工时，应采取临时绿化或覆盖措施（可参照图 3.2-1 实施），防止路基边坡渣土扬尘。

图 3.2-1　路基边坡临时覆盖示例

3.2.2　清表作业。

（1）路基用地范围内的树木、灌木丛等应在清表前砍伐或移植，砍伐的树木应堆放在路基用地之外，并妥善处理。对于路堑路段的边坡开挖线至截水沟范围的原生植被应予以保留。

（2）路基用地范围内及取土场的垃圾、有机物残渣、草皮、农作物的根系和表土应予以清除，并且有序集中地堆放在指定场地内。其表层耕植土应集中封存，供土地复耕和绿化使用。场地清理完成后，应全面进行填前碾压，使其压实度达到规定要求。

3.2.3　拆除与挖掘。

（1）所有指定为可利用的材料，有序堆置于指定区域。对于废弃材料，施工单位应按监理工程师指示妥善处理。

（2）对于因拆除施工造成的坑穴，应回填并夯实，并达到规定的压实度。

3.2.4 取土场。

（1）取土场原地面属于耕地种植土，应先挖出堆置一边备用，工程完工后，恢复植被。

（2）取土时应做到边开采、边平整、边绿化，有计划取土，及时还耕，杜绝随意取土。

（3）专人负责取（弃）土场管理，取土后的裸露面应采取防护措施，取土场、复耕土存放处宜满足国土部门有关要求。

（4）取土场挖运现场配置洒水车、雾炮车（湿法作业），每天定时给路面洒水；在车辆运输高峰期，视周边路面扬尘情况，随时增加洒水次数；雾炮车喷雾高度和距离要达到施工机械工作范围标准。

（5）取（弃）土场出口应参照本指南第 2.5.3 条的相关规定，安装定型化车辆冲洗设备，及时冲洗运输车辆，防止运输车辆轮胎将淤泥及其他污染物体带到场地以外。

3.2.5 弃土场。

（1）弃土场应符合设计要求并及时完成防护工程。

（2）路基弃土应堆放规则，按要求进行整平碾压，禁止随意堆放，弃土场应做好排水设施和场地清理工作，防止水土流失，并做好防护和绿化施工。

（3）弃土场的位置与高度应保证路堑边坡、山体和自身的稳定，不得影响附近建筑物、农田、水利、河道、交通和环境等。必要时应加设挡护和排水措施。

（4）弃土场应全部进行覆盖，有条件时采用绿植降尘，弃土如能利用可用于绿化可参照图 3.3-2 实施。及时对取（弃）土场装运散落溢物进行清理，控制场地内的运输车辆车速，避免车辆在行驶过程中产生扬尘。

图 3.2-2　弃土场植树、植草绿化示例

图 3.2-3　弃土场边坡挡墙和排水沟示例

3.2.6　路堑。

（1）土质路堑根据现场实际情况，合理安排运土通道与开挖工作面的位置及施工次序，做到运土、排水、挖掘、防护互不干扰，以确保开挖顺利进行。严格按设计图纸进行，应开挖一级防护一级，避免开挖暴露时间过长，造成新病害。

（2）石方路堑应禁止使用大爆破施工方法，石方爆破开挖路基应以光面爆破（可参照图 3.2-4 实施）、预裂爆破技术为主。软弱松散岩质路堑，宜采用分层开挖、分层防护和坡脚预加固技术。

图 3.2-4　光面爆破效果图

（3）石方爆破施工应满足所有爆破施工技术人员和现场操作人员应进行岗前培训，并取得资格证书方后方可进行爆破作业。

（4）施工中可以采用孔口覆盖砂袋或炮被的方式控制飞石。

（5）在爆破前要检查起爆网络、周边环境以及安全警戒设置情况，无问题后方可施爆。

（6）每次爆破完毕后，组织人员和机械进行爆破石方的清运，测量标高，高出设计标高的进行铲除，直到符合设计要求为止。

（7）边坡表面的破碎岩石要全部清除掉，按设计要求进行刷坡，开挖排水沟。

（8）不使用的爆破石渣应运至指定地，按规定处理。如石渣作为利用石方填筑路基时，应设立二次破解区，在装车运输前应对不符合要求的石料进行二次或多次解小，以达到填石路基规定的要求后，方可运到填筑现场，严禁在路基填筑现场破解。石料破解时，应保证湿法作业。

3.2.7 路基填筑。

（1）路基填筑应按照"三阶段、四区段、八流程"施工工艺进行，可参照图 3.2-5 实施。

图 3.2-5 路基划分区段施工示例

三阶段：准备阶段、施工阶段、整修阶段。

四区段：填土区段→整平区段→碾压区段→检验区段。

八流程:测量放线、地基处理、分层填筑、摊铺平整、洒水晾晒、碾压密实、检验验收、路基整修。

(2)路基填方取料,应根据设计要求,结合路基排水和当地土地规划、环境保护要求进行,不得任意挖取。对取料造成的裸露面,应采取临时绿化或覆盖措施。

(3)路堤填土压实宽度不得小于设计宽度,以保证修整路基边坡后的路基边缘有足够的压实度,提高边坡稳定及防冲刷能力。

(4)填方作业应分层平行摊铺。严格实行"划格上土,挂线施工,平地机整平",每层填筑完成后,应设置分层牌进行标识,可参照图 3.2-6 实施。

图 3.2-6 划格上土示例图

3.2.8 冲击碾压。

(1)冲击碾压时应及时洒水防止扬尘,当土的含水量较低时,宜于前一天洒水湿润,可参照图 3.2-7 实施。

(2)大面积施工时,每冲击 5 遍,应进行整平,压路机静压一遍,改变冲压方向再行冲压,冲压时应注意冲击波峰,错峰压实。冲击碾压合格后应整平路基基底,以消除冲击碾压后路基基底形成的凸凹不平,振动压路机微振使路基基底表面土与下面土层紧密结合。检测压实度、沉降量及其他施工参数,可参照图 3.2-8。

3 文明施工精细化

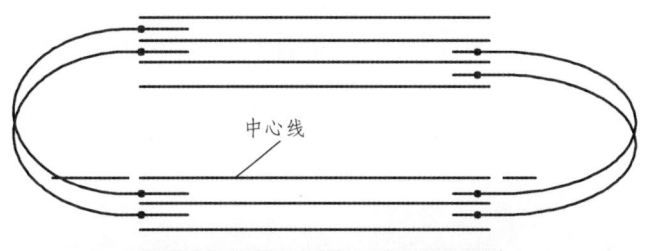

图 3.2-7 冲击碾压路线示例图

图 3.2-8 冲击碾压效果图

3.2.9 结构物回填。

(1)大型机械设备碾压不到位地方应配备小型夯实机械压实,宜采用高速液压夯实机进行台背补强,桥头短路基填筑必须使用液压夯实机,可参照图 3.2-9。

图 3.2-9 高速液压夯示例

（2）结构物回填前应在台背用油漆画好每一层的厚度标记线，分层回填压实。油漆采用红白相间，采用数字标记层数（如图 3.2-10），并在每层填筑完成后，台背回填每层应留有影像资料存档备查。

图 3.2-10　台背回填标记示例

3.2.10　强夯。

严禁在高压线下进行强夯作业，并加强安全生产防护措施。应采取隔振、防振措施消除强夯对邻近建筑物的有害影响。

3.2.11　老路加宽段路基。

（1）加宽段拆除的隔离栅可重复利用的，应将拆除的隔离栅移至施工便道以外，在结构物的位置预留开口。根据便道设计宽度和临时排水设计要求确定隔离栅外移位置。如图 3.2-11 所示（图中表示尺寸为示意）。

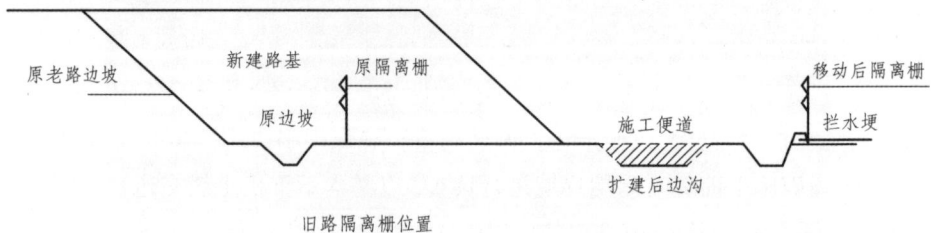

图 3.2-11　隔离栅外移示意图

（2）施工前对原路基边坡的防护预制块、坡脚广告牌、检查井、沿线标牌等需要拆移的设施，与相关单位协商办理相关拆除手续，经复后即可大面积动工。

(3)填方路基拼接施工。

① 土质路基应开挖台阶,开挖时要注意行车安全。设置导向设施,引导车辆尽量不靠近紧急停车带行驶,以免影响边坡稳定。

② 避免老路基边坡开挖面长时间暴露地段,受到雨水冲刷。在雨季时对暴露地段进行覆盖。

③ 新老路结合部位,应参照台背回填施工工艺,采用高速液压夯实机进行补强。

图 3.2-12　新老路结合部位液压夯补强示例

(4)石方挖方路基加宽。

① 应在需爆破的路堑上靠行车道侧先预留爆破防护墙,并加设双排脚手架和安全网进行防护,防止大量飞石滚入公路。

② 在施爆开始和邻近设施时,加强爆破震动监测,并及时将监测结果提供给现场工程技术人员,以便严格控制装药量,确保周围建构筑物的安全。

③ 爆破施工前应对周围环境进行调查,以基本不干扰主线交通,实施短时间封闭交通(30 min 以内),不能对周围建筑物产生破坏效应。

④ 加强防护、加固措施,控制飞石在安全范围内,确保公路行车和人员安全、电力通信设施安全等。

3.2.12　边沟、排水沟、截水沟。

(1)施工期间永久性排水应与临时排水相结合,防止雨水冲刷。

（2）排水设施要求纵坡顺适，沟底平整，排水畅通。外观要求线型美观、顺适、圆滑。基础伸缩缝应与墙身伸缩缝对齐。砌体抹面应平整、压光、直顺，不得有裂缝，空鼓现象，可参照图 3.2-13 实施。

图 3.2-13　预制砌块排水沟示例

3.2.13　临时排水。

（1）按照设计图纸，结合现场实际情况和沿线地方的意见要求，对改沟改渠进行实地勘察，做好临时沟渠开挖及疏通确保与原有沟渠相衔接。

（2）对已施工完成的圆管涵及过水箱涵与便道衔接的部位，便道下方埋设混凝土管与原有沟渠相结合，防止施工便道堵塞排水。

（3）路基顶面两侧设置挡水埂，同时边坡砖砌临时泄水槽防止雨水冲刷路基及边坡，疏通路基两侧临时排水沟确保雨水能顺利流入既有河沟内。

3.2.14　路肩。

（1）公路路肩应保持线型平整、坚实，横坡适顺，排水顺畅。

（2）培土路肩施工应采用高速液压设备进行压实，确保压实度达到设计要求。施工时应采取措施避免渣土污染路面。施工完成后应及时采取绿化措施。

3.2.15　防护与支挡工程。

（1）浆砌片石坡面防护。

① 坡面应平整密实，线型顺适，局部有凹陷处，应挖台阶后用与墙身相同的圬工找平，不可回填土石或干砌片石。施工时，应立杆挂线或样板控制，并经常复核，以保持线型舒适，砌体平整，可参照图 3.2-14 实施。

② 砌筑石料表面应干净，无风化、裂缝和其他缺陷。砌筑时应平铺卧砌，石料的大面朝下，坡脚坡顶等外露面应选用较大的石块，并加以修整，可参照图 3.2-15 实施。

图 3.2-14　路堑边坡防护示例　　　　图 3.2-15　砌体勾缝示例

（2）预制块坡面防护。

① 开挖预制块护坡基础时，要挂线施工保证开挖沟槽底部平顺，线型顺直，底部夯实后，按设计要求铺设垫层。预制块搬运时不得沿边坡滚落，防止损坏已完成的沟槽及其他已施工完毕的防护工程。预制块安装时，自下而上进行，保证曲线圆顺，边棱整齐，排列整齐，四周回填密实。

② 预制块基槽底部和后背填料应夯实，安装时注意线形和高程的调整，做到安砌稳固、顶面平整、缝宽均匀、线条直顺、曲线圆滑美观，完工后及时做好现场清理工作，空心预制块安装完成后应及时进行回填土、绿化及美化等工作，具体如图 3.2-16 所示。

图 3.2-16　六角空心预制块防护示例

（3）喷播植草防护。

① 喷植前应修好天沟等排水设施，修整坡面，嵌补凹槽、坑洼、准备好喷混材料等。喷射混合物由黏土、谷壳、锯末及复合肥等拌合，喷混材料应随拌随喷。黏土要先放在搅拌机中预拌，粉碎成粉状达到要求后，再加草籽和化肥，拌和均匀，可参照图 3.2-17 实施。

② 护坡喷植后，进行不少于 20 天的喷（洒）水养护，使喷植护坡始终具有足够水分，促使草籽发芽、生长。

图 3.2-17　喷播植被防护示例

3.2.16　路基整修。

（1）路基整修，应撒白灰标示出路堤两侧超填宽度，路基顶面纵横向高程可采用设置厚度控制墩法，可参照图 3.2-18 实施。

图 3.2-18　路基整修厚度控制墩示例

（2）为有效提高边坡的压实度，稳定边坡，宜采用高速液压振动平板夯实机对边坡进行夯实，可参照 3.2-19 实施。

图 3.2-19　边坡夯实施工示例

（3）边沟整修应挂线进行，各种水沟的纵坡、断面尺寸应用仪器、工具控制，按设计图纸要求对各种边沟的纵坡进行检查，采用人工进行整修使沟底平整，排水通畅，不得随意用土填补沟面缺损或坑洼。

（4）涵洞洞内清理及涵洞进出水口施工完善、排水顺畅，如图 3.2-20 所示。

图 3.2-20　涵洞洞口排水示例

（5）路堑边沟施工完成后，应对碎落台进行填土整平，按设计要求进行绿化。

（6）路基修整完毕后，堆弃路基范围内的废土料应予清除。

3.3 路面工程

3.3.1 基本要求。

（1）推行沥青面层"零污染"施工理念，科学安排附属工程与路面工程的交叉施工顺序，禁止在已铺设沥青面层上拌和砂浆，直接堆放建筑材料、倾倒泥土、修理机械设备。沥青摊铺时，应对路侧护栏、路缘石、标志立柱等设施采取防护措施，避免造成污染。

（2）科学的施工组织和工期安排是确保路面质量的重要保障。路面工程工期必须服从于质量、施工环境温度、材料准备等相关要求，不得随意提前。

（3）路面结构层施工前应采用人工或机械对下承层浮浆及杂物进行清理，边清边洒水降尘，采用清扫车将清理的浮浆及杂物清除干净。必要时用水冲刷，对于局部被水泥等杂物污染冲刷不掉的，应用人工将表面水泥砂浆凿除。下承层经检查验收合格后，方可进行该结构层施工。

3.3.2 混合料运输要求。

（1）运输车辆在每天使用前后，要检验其完好性，装料前应将车厢清洗干净。运输沥青混合料的车辆应涂抹适量的隔离剂。

（2）运料车进入摊铺现场时，应按照本指南等2.9.5条的相关要求，在定型冲洗设备上进行冲洗，不得污染路面。

（3）水稳混合料运料车应采取覆盖措施防止洒漏；沥青混合料运料车应采用厚棉毯或棉被覆盖严密，车厢板两侧也应全部包裹保温，卸料过程中宜继续覆盖直到卸料结束，运料车车厢侧面应加装保温层，确保混合料温度稳定。

（4）运输到摊铺现场的沥青混合料，如温度不符合要求或遭雨淋，应作废弃处理。

（5）运输车辆应按照本指南第2.9.5条的相关要求，安装倒车雷达（或倒车影像系统）和定位装置系统，实时监测记录装料时间、到达现场时间、使用部位等信息，加强混合料管理。

3.3.3 水泥稳定碎石（底基层）基层。

（1）水稳碎石碾压段落必须层次分明，设置"初压""复压""终压"等明显的分界标识，可参照图3.3-1实施。

图 3.3-1 水稳压实分界示例

（2）水泥稳定碎石混合料摊铺时，应连续作业，如因故中断时间超过 2 h，则应设横缝。当天收工之后，第二天开工的接头断面也要设置横缝。

（3）在养生期间应封闭交通。用洒水车洒水养生时，洒水车的喷头要用喷雾式，不得用高压式喷管，以免破坏基层结构，每天洒水次数应视气候而定，整个养生期间应始终保持水泥稳定碎石层表面湿润，可参照图 3.3-2 实施。

图 3.3-2 水稳养生示例

3.3.4 透层、封层、黏层。

（1）透层、封层、黏层施工应采用智能型沥青洒布车一次均匀洒布。

（2）结构物与沥青层接触部位，必须注意保护结构物不受污染。

（3）喷洒透层、封层、黏层后，应严格封闭交通，防止层间污染。

3.3.5 热拌沥青混合料面层。

（1）中面层桥头处和下面层摊铺前，中分带、路肩外侧直线段宜每10 m设一边桩，平曲线段宜每5 m设一个边桩，中、上面层在中分带、路肩外边缘设置指示标识，应明显标记出施工桩号，用白灰画出各结构层的边缘线。

（2）中央分隔带路缘石应在摊铺面层前完工，并覆盖塑料薄膜等保护措施，防止沥青污染。铺筑时应在靠近路缘石位置适量多铺混合料，并确保该处沥青混合料的压实度。

（3）在当天碾压完成的沥青面层上，不得停放压路机及其他施工设备，并防止矿料、油料和杂物散落在沥青面层上。

（4）碾压现场应设专岗对碾压温度、碾压工艺进行管理和检查，做到不漏压、不超压。初压、复压、终压段落应设置明显标识。

3.3.6 路缘石。

（1）严格路缘石原材料进场检验工作，尺寸大小不一、色泽不统一、偏差较大的路缘石严禁进场使用。

（2）路缘石施工所用材料应分类摆放整齐，砂石材料在路面上堆积前应采用防水土工布进行铺垫，并且铺垫面积不小于材料堆积面积的2倍，对散落在路面上的零星砂、土等污染物，及时采用高压清洗车冲洗清理，可参照图3.3-3实施。

图 3.3-3　路缘石堆放示例

（3）路缘石安装前，应按设计测设路缘石边线，并在直线部分桩撒布灰线。用开槽机沿撒布的行驶线开槽，开槽时由专人指挥，开槽产生的废料及时清理。

3.3.7 路缘石安装规定。

（1）路缘石安装时分别在边部至少铺设横向 4 m 宽纵向满铺的防水土工布，避免砂浆或混凝土直接污染路面。

（2）安装时先确定好泄水槽开口位置，以泄水槽开口处为起点向一侧安装，避免出现路缘石断头现象。先安装端头异型路缘石确定好位置，以端头为起点向另一侧安装，便于调整线型，用施工线控制路缘石的直顺度，再用水平尺进行检查。路缘石砌筑应平顺，相邻花岗岩路缘石缝用 2 mm 塑料板控制，相邻路缘石的缝隙应均匀一致，路缘石与路面无缝隙、不漏水。

（3）路缘石安装后，必须再挂线，调整顺直、圆滑、平整，对路缘石进行平面及高程检测，每 20 m 检测一点，当平面及高程超过标准时应进行调整。

（4）混凝土浇筑前，清理基底表面杂物，并适当洒水，采用人工振捣密实。

（5）场地清理。路缘石安装完毕后，安排专人及时清理施工生产的废料。

3.4 桥梁工程

3.4.1 基本要求。

（1）桥梁施工现场应统一规划、合理布局，并绘制桥梁分段（孔）平面布置图。

（2）应参照本指南第 2.1.2 条的相关要求，在施工现场的醒目位置布置统一制作的标牌、标语。

（3）桥梁工程交工前，应及时对临时辅助设施、临时用地和弃土等进行处理，保证做到完工清场，符合环保要求。

3.4.2 基础工程。

（1）基础施工前应调查地面、地下建筑（构）物及各种管线，确定其位置并设置明显标识，必要时应拆、移或采取相应保护措施，并应保证施工作业不危及各种设施及地下管线安全。

（2）桩基机械作业区域应平整坚实，水上作业平台搭设应牢固，设备应安装稳固。施工前应划定作业区并设立警示标识，非工作人员未经批准不得入内。操作人员登高检查或维修设备时应配齐安全防护设施。

（3）钻机运行中作业人员必须位于安全位置，严禁靠近或触摸钻杆，钻具悬空时下方严禁站人，施工过程中严禁人员进入孔内作业。发生塌孔和护筒周围冒浆等事故时应立即停钻，钻机有倒塌危险时必须立即将人员撤至安全位置，经技术处理并确认安全后方可重新作业。

（4）制浆池、储浆池和沉淀池周围应采用安全防护栏杆围挡并悬挂安全标志。安全防护栏杆规格尺寸应符合本指南"2.2 临时设施建设"的相关要求，具体如图 3.4-1 所示。

图 3.4-1　泥浆池安全防护示例

（5）基础施工期间，在挖土、吊运及绑扎钢筋、浇筑混凝土等施工作业中，严禁碰撞支撑，或任意拆除支撑，或任意在支撑上进行电焊及切割作业，或在支撑上搁置重物。

（6）钻孔泥浆的原料宜选用性能合格的黏土或其他符合环保要求的材料，水上钻孔施工应配备专用的泥浆船或泥浆输送管泵，应采取有效措施防止泥浆外溢污染环境，钻渣应外运到指定弃土区域存放，不得随意排放。

（7）制浆池、泥浆池、沉淀池废弃后应及时处理，恢复地表原样。水中围堰内的开挖土方应外运至指定区域，不得随意排入水体，基础施工完成后，应尽快将周边的泥浆、渣土清除干净，恢复河床原貌。

3.4.3　下部构造。

（1）施工单位应在施工现场桥墩（台）的周围设立警戒线，禁止非施工人员未经批准进入施工区域。专职安全人员应在施工现场进行巡查，防止发生安全事故。

（2）墩柱、台身编号。每个墩台施工完成后应及时进行编号，并在按靠便道一侧的墩、台身上进行标注。编号沿路线里程增长方向自起点桥台、墩身到终点桥台，从0开始，1、2、3…连续进行编号。墩、台身上编号的外圆圈直径应为400 mm，中文字体为宋体，规格为100 mm×150 mm，白底蓝字，采用反光贴纸一般粘贴在离地面高2.5 m处（可根据桥梁高度适当调整）。

3.4.4 上部构造。

（1）预制梁板张拉台座两端头应设置防护挡墙，防止张拉滑丝造成伤人。张拉时严禁施工人员及闲杂人员横穿台座，严禁施工操作人员站在千斤顶前面。

（2）将梁板编号、浇筑日期等信息，采用固定格式喷绘于每片梁板表面合适位置。

（3）预制梁板在堆放时应将垫木放支座位置处，一般可堆放2～3层，多层堆放时应将垫木放置平稳，每层均放置在支座位置处，可参照图3.4-2实施。

图3.4-2 预制梁堆放示例

3.4.5 桥梁附属工程。

3.4.5.1 混凝土防撞护栏外观质量应符号下列要求：

（1）防撞护栏的顶面和接缝处不得有开裂现象，对错台、平整度、外观质量等问题应及时处理，并应保证色泽一致。

（2）对防撞护栏的线形，直线段应顺直，曲线段弧形应圆顺，无折线与死弯。顶面应平顺美观、高度一致。

3.4.5.2 混凝土防撞护栏外观施工应符号下列要求：

（1）放样时对于直线段，宜不超过每10 m测1个护栏内边缘点，曲线段应根据实际计算确定，并应根据放样点弹出护栏内边线，立模时可根据该线进行微调，保证护栏线形顺畅。

（2）护栏的高程如以桥面调平层作为控制基准面，在此之前，应对桥面调平层进行检验，在保证护栏竖直度的同时应保证其顶面高程的准确。

（3）应经常复核放样基准点，防止其移位、消失。

3.4.5.3　模板安装应符合下列要求：

（1）模板安装应符合本指南第3.4.6条的相关规定。

（2）应采用整体式钢模，具有足够的强度和刚度。模板交角处宜采用倒圆角处理，使其线性平顺。单片模板长度应综合考虑桥面竖曲线及梁体上拱等因素，使施工缝间距均匀一致美观，并有利于断缝的设置，以保证纵向线形顺适。

（3）护栏模板的安装应按模板试拼的编号进行，模板之间的接缝宜采用双面胶粘贴于模板接缝处，模板与桥面之间的接缝宜采用橡胶条等材料进行填缝。

（4）应按照设计位置设置断缝。断缝宜采用易于拆除的夹板断开。

（5）混凝土浇筑。混凝土浇筑至顶面时，应派专人按控制高程准确抹平，并做二次压平收光处理，保证护栏成型后，顶面光洁，线形顺畅。

（6）防撞护栏施工时应注意是否需要预留横向泄水孔，并应控制好泄水孔进水孔高程，既保证桥面排水，又保证路面结构内部水排水通畅。

3.4.5.4　伸缩缝施工应符号下列要求：

（1）梁端间隙过大时，必须采取有效补救措施进行处理，避免伸缩装置型钢架空；梁端间隙过小时，应凿除多余混凝土，保证伸缩装置受力正常。

（2）每道伸缩缝安装前，施工单位应将伸缩缝内垃圾清理干净，并经监理工程师验收；施工完成后，监理工程师应组织检查每伸缩缝处梁板间是否清理彻底，并留存检查记录及影像资料。

3.4.6　支架及模板工程。

3.4.6.1　支架支撑体系应符合下列规定：

（1）支架基础应根据所受荷载、搭设高度、搭设场地地质等情况进行设计及验算。

（2）支架基础的场地应设排水措施，遇洪水或大雨浸泡后，应重新检验支架基础、验算支架受力。冻胀土基础应有防冻胀措施。

（3）支架基础施工后、支架安装完成后均应检查验收。

（4）使用前应预压。预压荷载应为支架需承受全部荷载的1.05～1.10倍。

（5）预压加载、卸载应按预压方案要求实施，使用沙（土）袋预压时应采取防雨措施。

（6）支架应设置可靠的接地装置。

3.4.6.2 桩、柱梁式支架应符合下列规定：

（1）钢管桩的承载力应满足要求。

（2）纵梁之间应设置安全可靠的横向连接。

（3）搭设完成后应检查验收。

（4）跨通行道路时，应按照现行《道路交通标志和标线》（GB 5768）的要求设置交通标志。

（5）跨通航水域时，应设置号灯、号型。

3.4.6.3 跨通行道路、通航水域的支架应根据道路、水域通行情况设置防撞设施。

3.4.6.4 模板加工制作应符合下列规定：

（1）模板应进行专门设计，并应具有足够的强度和刚度。外露混凝土面的模板应表面光洁平整。模板板面之间应平整，接缝严密，不漏浆，保证结构物外露面平整美观，线条顺直。

（2）预制梁板施工宜采用钢制定型模板，钢筋统一制作，机械化加工，提高钢筋安装质量，重视钢筋保护层控制，以保证结构的安全性和耐久性，可参照图 3.4-3 实施。

图 3.4-3 箱梁钢模板示例

（3）钢模板进场前应进行试拼装，验收合格后用油漆打上拼装顺序号。安装前应抛光打磨，清除污垢，涂刷脱模剂。应采用专用脱模剂或经试验效果较好的脱模剂，同一结构脱模剂宜采用同一品种，不得使用废机油及其混合物，不得污染钢筋及混凝土的施工缝。

（4）模板所用材料应堆放稳固，模板堆放高度不宜超过 2 m。

3.4.6.5 模板应按设计方案设置纵、横、斜向支撑和水平拉杆，拉杆不得焊接。

3.4.6.6 大型钢模板应设置工作平台和爬梯。工作平台应设置防护栏杆、挡脚板和限载标识。

3.4.6.7 模板安装应符合下列规定：

（1）吊装模板前应检查模板和吊点。吊装应设专人指挥模板未固定前，不得实施下道工序。

（2）模板安装使用的对拉杆应外套 PVC 管，保证对拉杆的拆卸和重复使用，模板开孔时应采用机械钻孔且应布置规则、整齐，不得采用焊割或氧割。有条件时宜采用锥形螺母对拉杆。

（3）墩柱、桥台、盖梁、预制梁板、护栏等外露混凝土构件，宜在模板表面粘贴混凝土透水模板布，以减少混凝土表面气泡、砂线、砂斑，同时可提高混凝土的表面强度和耐磨性。混凝土外露主要构件可使用混凝土透水模板布，减少气泡和微裂纹，提高混凝土耐久性，可参照图 3.4-4 实施。

图 3.4-4 粘贴模板布示例

（4）模板安装就位后，应立即支撑和固定。支撑和固定未完成前，不得升降或移动吊钩。

（5）模板应按设计要求准确就位，且不宜与脚手架连接。

（6）模板安装完成后节点联系应牢固。

（7）基准面以上2m安装模板应搭设脚手架或施工平台。

3.4.6.8 模板、支架拆除应符合下列规定：

（1）模板、支架的拆除期限和拆除程序等应按施工组织设计和施工方案要求进行，危险性较大模板、支架的拆除尚应遵守专项施工方案的要求。

（2）模板，支架的拆除应遵循先拆非承重模板后拆承重模板、自上而下、分层分段拆除的顺序和原则。

（3）承重模板应横向同时、纵向对称均衡卸落。

（4）简支梁、连续梁结构模板宜从跨中向支座方向依次循环卸落；悬臂梁结构模板宜从悬臂端开始顺序卸落。

（5）承重模板、支架，应在混凝土强度达到设计要求后拆除。

（6）模板、支架的拆除应设立警戒区，非作业人员不得进入。

（7）拆除人员应使用稳固的登高工具，防护用品。

3.4.6.9 模板存放应符合下列规定：

（1）模板存放场地应坚实平整。

（2）大型模板应存放在专用模板架内或卧倒平放，不得直靠其他模板或构件。特型模板应存放在专用模板架内。

（3）突风频发区或台风到来前，存放的大型模板应采取加固措施。

（4）清理模板或刷脱模剂时，模板应支撑牢固，两片模板间应留有足够的人行通道。

3.4.7 钢筋工程。

（1）钢筋加工机械所有转动部件应有防护罩。

（2）钢筋冷弯作业时，弯曲钢筋的作业半径内和机身不设固定销的一侧不得站人或通行。

（3）钢筋冷拉作业区两端应装设防护挡板，冷拉钢筋卷扬机应置于视线良好位置，并应设置地锚。钢筋或牵引钢丝两侧3m内及冷拉线两端不得站人或通行。

（4）钢筋对焊机应安装在室内或防雨棚内，并应设可靠的接地，接零装置。多台并列安装对焊机的间距不得小于3m。对焊作业闪光区四周应设置挡板。

（5）作业高度超过2m的钢筋骨架应设置脚手架或作业平台，钢筋骨架应有足够的稳定性。

（6）吊运预绑钢筋骨架或成捆钢筋应确定吊点的数量、位置和捆绑方法，不得单点起吊。

（7）作业平台等临时设施上存放钢筋不得超载。

3.4.8 混凝土工程。

3.4.8.1 混凝土浇筑的顺序、速度应符合施工方案的要求，不得随意更改。

3.4.8.2 吊斗灌注混凝土应设专人指挥起吊、运送、卸料，人员、车辆不得在吊斗下停留或通行，不得攀爬吊斗。

3.4.8.3 泵送混凝土应符合下列规定：

（1）混凝土输送泵应安装稳固，管道布设应平顺，安装应固定牢靠，接头和卡箍应密封、紧固。

（2）泵送前应检查泵送和布料系统。首次泵送前应进行管道耐压试验。泵送混凝土时，操作人员应随时监视各种仪表和指示灯，发现异常应立即停机检查。

（3）输送泵出料软管应设专人牵引、移动，布料臂下不得站人。

（4）混凝土输送管道接头拆卸前，应释放输送管内剩余压力。

（5）清理管道时应设警戒区，管道出口端前方 10 m 内不得站人。

3.4.8.4 混凝土浇筑过程中应检查模板、支架、钢筋骨架的稳定、变形情况，发现异常，应立即停止作业，并应整修加固。

3.4.8.5 混凝土振捣应符合下列规定：

（1）检修或作业停止，应切断电源。

（2）不得用电缆线、软管拖拉或吊挂振捣器。

（3）装置振捣器的构件模板应坚固牢靠。

3.4.8.6 混凝土养护应符合下列规定：

（1）覆盖养护时，预留孔洞周围应设置安全护栏或盖板，并应设置安全警示标识不得随意挪动。

（2）洒水养护时，应避开配电箱和周围电气设备。

（3）蒸汽、电热养护时，应设围栏和安全警示标识，并应配置足够、适用的消防材，非作业人员不得进入养护区域。

（4）桥台、墩柱、盖梁等下部结构拆模后应立即采用塑料薄膜将立柱包裹，并采取墩顶滴灌或自动化喷淋等方式进行养护，可参照图 3.4-5 实施。

图 3.4-5 滴灌养生示例

3.4.9 新旧结构物衔接。

(1)如果拼宽桥梁的原结构构件需再利用,在拆除原有结构护墙(栏)、外侧边板翼缘及植筋时,应采取可靠措施,以确保原有结构的完好性与受力性能。

(2)施工中应采取措施减少加宽部分桥梁桩基的沉降,桩基沉淀层厚度不应太大。对于沉淀层偏大,超出设计范围的桩基,可采用桩底后压浆技术进行桩底补强,以减少结构的沉降。

(3)拼宽桥梁加宽部分建成后,应暂时放置,待新桥收缩、徐变基本完成后,再进行新、老桥连接处湿接缝的浇筑,以减小新桥沉降、温度收缩等对原桥的影响。在条件允许的情况下,可以在新旧梁体钢筋焊接前,对新桥结构进行荷载预压,以减少非弹性变形对拼接部分的影响。

(4)除严格控制桩基桩底沉渣厚度和上部拼接时间外,还应注重施工过程中的沉降观测。

(5)新、老桥湿接缝连接处,原桥外侧梁板植筋和拼接处梁板预埋钢筋,其外露部分需做好防锈处理,以防止由于施工周期过长,造成钢筋锈蚀,影响结构的耐久性。

(6)用于湿接缝浇筑的补偿收缩钢纤维混凝土,施工前应做配比试验,控制掺量及膨胀率,以保证桥梁在施工、运营状态下结合面不出现收缩裂缝。

（7）如加宽桥面拼接处的钢筋较密，施工时应适当调整混凝土配合比。粗集料最大粒径不宜过大，并改进振捣措施，保证混凝土浇筑质量。混凝土浇筑完成后，要加强混凝土的日常养护，防止混凝土因养护不当造成收缩开裂。

（8）拼接施工完成后，待湿接缝达到强度后需二次观测新桥的沉降，并检查拼接部位有无异常情况，特别监控裂缝出现的情况。

3.5 隧道工程

3.5.1 施工准备。

（1）隧道施工准备阶段应重点进行施工调查、设计文件现场核对、施工方案选择及资源配置、施工作业指导书编制、施工技术交底、工地建设等相关工作。积极应用建筑信息模型（BIM）、大数据等现代信息技术，大力推广信息技术在济南市公路工程建设管理中的应用，落实全生命周期理念，提升高速公路隧道设计、建设和运维水平，推进建设管理智能化进程。

（2）对于长大隧道、地质或水文地质条件复杂、结构受力以及施工环境复杂的隧道，施工单位应根据交通运输部相关要求开展隧道施工安全风险评估工作，并制定各项应急保障预案。

（3）工程开工前，应委托有资质的单位开展超前地质预报。执行"第三方"预报的隧道不能免除施工单位应承担的责任。

3.5.2 施工场地。

（1）施工单位应根据施工规模、技术标准和有关要求进行施工场地规划、驻地建设、拌和站和工地试验室建设并通过项目建设管理单位组织的专项验收。

表 3.5-1 隧道临建场地布置一般要求

序号		布置要求
1	总体布置	隧道临建场地上的房屋不得侵入行车道，方向尽量与线路方向平行或垂直
2	隧道临建场地处理	混凝土等级不低于C20，硬化厚度不小于20 cm，确保施工期间不翻浆、冒泥
3	空压机房及配电房	空压机的数量根据施工需要确定，摆放间距1.0~1.2 m，采用半开放式房屋，顶部设弧形雨棚。高压、低压电力线路及配电房、变压器和通信线路应统一布置及早建成、并结合运营期相关要求尽量做到永临结合
4	隧道临建材料库房及试验室	隧道临建如需设置材料库房、试验室，尽量靠近钢材存放、加工房和混凝土运输路线旁，便于及时抽检材料和取样

续表

序号		布置要求
5	钢材存放及加工房	钢材存放与加工房共同设置一处，并做好分区管理，采用封闭式房屋，其长、高、宽满足施工及钢材存放需要
6	现场会议室	隧道洞口离项目部较远时在施工现场设会议室；会议室的面积不小于 40 m²，具有良好的隔音效果
7	洞口值班室	洞口值班室设在隧道洞口，采用集装箱式房屋、彩钢板房或砖混结构，面积不小于 10 m²，只作值班使用，不可住人
8	洞口宣传	进洞须知、工程简介、施工总平面布置图、安全保证体系、质量保证体系、施工环保水土保持体系、隧道形象进度图（可室内布置）、三方建设理念、质监举报电话牌、工程创优牌、文明施工牌、政务公开、党工团现场责任人及职责等。内容可根据需要 独立或连排设置，若连排设置，其长度和高度需结合现场条件，美观大方。洞顶及洞口间宣传视情况设置

图 3.5-1 隧道平台建设示例

（2）施工场地布置必须编制专项规划方案，上报监理工程师和项目建设管理单位，批复后实施，建成后应通过监理工程师组织的专项验收，可参照图 3.5-1 实施。

（3）在隧道洞口靠近值班室一侧应设置电动升降栏杆和入场人员专用通道。隧道洞口外设置可 360°旋转拍摄的摄像机。隧道平台处设置电子显示屏，实时反映隧道内工作状态，可参照图 3.5-2 实施。

图 3.5-2　隧道入口示例

（4）建立进洞人员登记制度。施工单位应采用先进的隧道施工人员门禁、考勤、定位和视频监控等系统，并在洞口设专人负责进出人员登记及材料、设备与爆破器材进出隧道记录和安全监控等工作。

（5）隧道施工应建立洞内外通信联络系统。

（6）隧道洞口应设置专门应急救援设施材料库房。隧道开挖掘进后，应按照要求安装逃生通道，并配备紧急逃生物资。

3.5.3　通风要求、供水、供电。

（1）隧道通风、供水及供电设备应纳入正常工序管理，设专人负责管理。

（2）压风站应在洞口旁边选址修建，并宜靠近变电站，应有防水、降温、保温和防雷击等设施。

（3）压风站供风能力须满足隧道正常施工需要，供风管路布置应尽量避免压力损失，保证工作面使用风压满足要求。

（4）通风机应装有保险装置，发生故障时应自动停机。

（5）通风管沿线应每 50~100 m 设立警示标识或色灯。

（6）通风管安装作业台架应稳定牢固，并经验收合格。

（7）主风机间歇时，受影响的工作面应停止工作。

3.5.4　供水要求。隧道供水设备应纳入正常工序管理，设专人负责管理。施工单位在施工期间，应按国家规定的施工和生活饮用水的有关标准，确保施工和生活用水设施的提供、安装、保养及供水满足施工及生活需要。

3.5.5 供电要求。隧道供电设备应纳入正常工序管理,设专人负责管理。隧道施工临时用电除应符合本指南"2.8 临时用电"相关规定外,还应满足以下要求:

(1)对于短隧道应采用高压至洞口,再低压进洞;长隧道及特长隧道应考虑高、中压进洞,以满足施工需要。施工过程应保证用电的可靠性,应有备用发电系统以满足停电等应急情况下的施工用电。

(2)洞内变电站应设置在干燥的紧急停车带或不使用的横通道内,变压器与周围及上下洞壁的最小距离,不得小于 300 mm,同时应按规定设置灯光、轮廓标等安全防护措施。洞内高压变电站之间的距离宜为 1 000 m,由变电站分别向相反两方向供电,每一方供电距离宜采用 500 m。洞内高压变电站应采用井下高压配电装置或相同电压等级的油开关柜,不应使用跌落式熔断器,应有防尘措施。

(3)成洞地段固定的电线路,应采用绝缘良好的胶皮线架设;施工地段的临时电线路应采用橡套电缆;瓦斯地段的输电线必须使用密封电缆,不得使用皮线;涌水隧道的电动排水设备应采用双回路输电,并有可靠的切换装置;动力干线上每一分支线,必须装设开关及保险装置;严禁在动力线路上加挂照明设施。

3.5.6 排水及污水处理。

(1)应在隧道洞口两侧建混凝土或浆砌排水沟排出隧道内污水,尺寸满足排水需要(必须考虑雨季降水的影响),两侧水沟经涵管连通横穿路基汇于集水井排入污水处理池。

(2)污水处理不少于3级沉淀,采用混凝土、浆砌或砖混结构,施工期间不倒塌、不渗漏,沉淀达标方可排放。

3.5.7 监控量测。

(1)采用复合式衬砌的隧道,必须将现场监控量测项目列入施工组织设计,在施工中认真实施,施工、设计单位、监理工程师必须紧密配合,分析各项量测信息,确认或修正设计参数。

(2)隧道开工前,应根据设计要求,并结合隧道规模、地形地质条件、施工方法、支护类型和参数、工期安排,以及所确定的量测目的等制订施工全过程量测方案。

(3)施工单位应具有实施监控量测的工作能力,对地质条件和周边环境复杂的隧道、长大隧道的可委托有经验的专业化队伍实施监控量测。执行"第三方"监测的隧道不能免除施工单位应承担的责任。

3.5.8 洞口及明洞工程。

（1）积极推广"零开挖"进洞理念，遵循"早进洞、晚出洞"施工原则。尽量避免对山体的大挖大刷，可适当延长明洞和隧道的长度；隧道洞顶截水沟以内植被禁止砍伐破坏，分离式隧道中间山体和连拱隧道中导洞开挖时两侧山体应尽可能保护，维护原有的生态地貌，洞门应力求与自然环境、人文景观相协调。

（2）洞口施工应减少仰坡开挖高度，保护生态环境，减少植被破坏。

（3）洞口土石方施工宜避开降雨期，如确需在雨季施工时，应制订严密的施工方案和防护措施。同时应加强对山坡稳定情况的监测和检查。

（4）洞口边坡、仰坡土石方的开挖应减少对岩、土体的扰动，严禁采用大爆破；边坡和仰坡上可能滑塌的表土、灌木以及边坡和仰坡上的浮石、危石要清除或加固，坡面凹凸不平的应予整修平顺。

（5）应在进洞前按设计要求对地表及仰坡进行加固防护；松软地层开挖边坡和仰坡时，宜随挖随支护，随时监测、检查山坡的稳定情况。当洞口可能出现地层滑坡、崩塌时，应采取地表砂浆锚杆、地表注浆、预应力锚杆（索）等措施稳定边坡，确保施工安全。

（6）偏压洞口施工应在做好支挡、反压回填等工作后再开挖；开挖方法应结合偏压地形情况选定，不得因人为因素加剧偏压。

（7）隧道洞口有邻近建（构）筑物时，应采取微震控制爆破，应对建筑物下沉、倾斜、裂缝以及震动等情况做必要的监测。

（8）洞口边仰坡的排水系统应及时完成。隧道排水应与洞外排水系统合理连接，不得侵蚀软化隧道和明洞基础，不得冲刷洞口前路基边坡及桥涵锥坡等设施。

（9）洞口仰坡上方洞身范围内禁止修建施工用水池，边坡、仰坡上方不得堆置弃土、石方。

（10）洞口段初期支护应全周尽早闭合，尽量抑制围岩松动。

（11）洞口邻近交通道路的施工，应采取确保道路通行安全的防护和加固措施，并应对道路沉降、边坡稳定等进行监测。

3.5.9 排水工程。

（1）洞外排水工程包括边坡和仰坡外的截水沟、排水沟和洞口排水沟、涵管组成的排水系统。

（2）边坡、仰坡外的截水沟或排水沟应于洞口土石方开挖前完成，防止地面水冲刷而导致边坡、仰坡落石、塌方。截水沟及排水沟的上游进水口应与原地面衔接紧密或略低于原地面，下游出水口应妥善地引入排水系统。

（3）边坡、仰坡以外的山体表面，如有坑洼积水时，应按设计要求予以处理；但不得用土石方填筑，以免流失堵塞排水沟渠，影响洞口安全。

（4）路堑两侧边沟应与排水设施妥善连接，使排水畅通。

3.5.10　洞口工程。

（1）隧道洞口应尽可能减弱人工痕迹，洞口应与自然景观相协调。可适当在洞口种植高大树木，降低洞口亮度，使光线明暗过渡自然，可参照图3.5-3实施。

图3.5-3　隧道洞口示例

（2）洞门基础开挖应注意基坑的支护，基础必须置于稳固的地基上，地基承载力满足设计要求，应做好防水、排水工作，防止基底被水浸泡。基坑废渣、杂物等必须清除干净。

（3）洞门建筑完成后，洞门以上仰坡脚如有损坏，应及时修补，确保坡顶以上的截水沟、墙顶排水沟及路堑排水系统的完好、连通。

（4）隧道明洞回填和洞门施工完成后，应及时做好洞口边坡及仰坡的地表恢复，符合环境保护要求，做好水土保持。

3.5.11　洞门砌筑。

（1）应结合现场自然景观协调性及地质情况，对隧道洞口设计进行复核。

（2）洞门采用料石砌筑时应分层砌筑。精选优质石料，表面修凿的纹路整齐统一，外形方正且色泽一致；条石和丁石的尺寸要一致，边线要直顺，棱角要分明，缺边掉角的料石不得使用。墙背浆砌片石部分与面层咬合砌筑，避免"两层皮"，砌缝砂浆应插捣密实。

(3)隧道洞门严禁粘贴石板材或人造板材。

3.5.12 初期支护与辅助工程。

(1)软弱围岩地段施工必须坚持"先支护(强支护)、后开挖(短进尺、弱爆破)、快封闭、勤量测"的施工原则,初期支护紧跟掌子面。Ⅳ~Ⅵ级围岩初期支护必须保证尽早封闭成环。

(2)隧道支护宜根据现场监控量测结果,分析施工中各种信息,及时调整支护措施和支护参数。

(3)施工中应做好地质描述、超前地质预报,应根据围岩条件的变化,因地制宜,提前采取相应措施,做到安全可靠、经济合理。

(4)隧道施工作业人员安全防护应按照国家相关规定配备;作业人员的皮肤应避免与速凝剂、树脂胶泥等化学制剂直接接触;作业区粉尘浓度必须符相应规范的要求。

(5)喷射混凝土不得采用干喷工艺,应采用湿喷工艺,特殊地质条件下不能湿喷时需另行设计。液体速凝剂应采用环保无碱速凝剂。

(6)钢架应经常检查,如发现破裂、倾斜、弯扭、变形以及接头松脱、填塞漏空等异状,必须立即加固。

(7)钢架的抽换、拆除,应本着"先顶后拆"的原则进行,防止围岩松动坍塌。

3.5.13 仰拱与铺底。

仰拱施工时应采用栈桥,栈桥两侧应设防护护栏,安装警示标志及照明设施等,确保洞内行车安全(可参照图3.5-4实施)。

图 3.5-4 仰拱栈桥示例

3.5.14 装渣及运输。

(1)运渣车辆应符合本指南第 2-9.5 条的规定，状态完好、制动有效，不得载人，不得超载、超宽、超高运输。

(2)装渣、卸渣及运输作业场地的照明应满足作业人员安全的需要，隧道内停电或无照明时，不得作业。

3.5.15 防水与排水。

(1)隧道施工防排水设施应与营运防排水工程相结合，应按设计做好防水混凝土、防水隔离层、施工缝、变形缝、诱导缝防水，盲沟、排水管（沟）排水通畅。防排水材料应符合国家、行业标准，满足设计要求，并有出厂合格证明，不得使用有毒、污染环境的材料。隧道防排水不得污染环境，隧道排水不得直接排入饮用水源。

(2)隧道施工防排水应遵循"防、堵、截、排相结合，因地制宜，综合治理"的原则进行施工，保证隧道结构物和运营设备的正常使用和行车安全，并对地表水、地下水妥善处理，形成一个完整通畅的防排水系统。

(3)要加强衬砌背后的防排水设施，强调结构自身防水，对可能的疑点进行封堵及引排。衬砌背后防排水设施施工应根据隧道的渗水部位和开挖情况适当选择排水设施位置，并配合衬砌进行施工；隧道侧沟、横向盲沟等排水设施亦应配合衬砌等进施工。如图纸无特殊要求，衬砌背后的流水均应排入隧道内侧排水沟。若有压浆时，不得将排水设施堵塞。

3.5.16 支护。

(1)应随时观察支护各部位，支护变形或损坏时，作业人员应及时撤离现场

(2)喷射混凝土、锚杆钢筋网、超前小导管、管棚支护施工应符合现行《公路隧道施工技术规范》（JTG F60）的有关规定。焊接作业区域内不得有易燃易爆物品，下方不得有人员站立或通行。

(3)钢架施工除符合现行《公路隧道施工技术规范》（JTG F60）的有关规定。

(4)钢架底脚基础应坚实、牢固，相邻的钢架应连接成整体。

(5)已安装的钢架发生扭曲变形时，应及时逐榀更换，不得同时更换相邻的钢架。

（6）下部开挖后，钢架应及时接长、落底，钢架底脚不得左右同时开挖。

（7）拱脚不得脱空，不得有积水浸泡。

（8）临时钢架支护应在隧道钢架支撑封闭成环并满足设计要求后拆除。

3.5.17 衬砌。

（1）隧道内不得加工钢筋。

（2）衬砌钢筋安装应设临时支撑，临时支撑应牢固可靠并有醒目的安全警示标志。

（3）钢筋焊接作业在防水板一侧应设阻燃挡板。

（4）隧道二衬台车执行准入制度，台车车身应悬挂警示标识、照明设施，台车两侧安装防坠落护栏，可参照图3.5-5实施。

图3.5-5 衬砌台车示例

（5）二次衬砌施工（含加宽段）应采用全液压自动行走的整体衬砌台车，衬砌台车应结构尺寸准确，各种伸缩构件、液压系统、电气控制系统运行良好，合理设置各支承机构；应满足自动行走要求，并有闭锁装置，保证定位准确。

（6）台车整体模板块所承受荷载较大时，支撑骨架应制成桁架结构，并尽量减少板块接缝数量。模板及支架应具有足够的强度、刚度、稳定性和抗上浮能力，能安全地承受所浇筑混凝土的重力、侧压力以及在施工中可能产生的各项荷载。模板不凹凸、支架不偏移、不扭曲，满足多次重复使用不变形。台车设计应便于整体移动、准确就位。

（7）台车模板支撑桁架门下净空应满足隧道衬砌前方施工所需大型设备通行要求；桁架各层平台的高度要满足混凝土施工要求，利于工人进行安管、混凝土捣固等施工作业，必须要有上下行的爬梯。

（8）当混凝土浇至作业窗下50 cm，作业窗关闭前，应将窗口附近的混凝土浆液、残渣及其他杂物清理干净，涂刷脱模剂，将其关紧，防止窗口部位混凝土表面出现凹凸不平的补丁甚至漏浆现象。

（9）隧道衬砌起拱线以下的反弧部位是混凝土浇筑作业的难点部位，应对混凝土性能、坍落度及捣固方法进行有效控制，以减少反弧段气泡，有效改善衬砌混凝土表面质量。

3.5.18　逃生与救援。

（1）隧道施工应配备应急救援机械设备、监测仪器、堵漏和清洗消毒材料、交通工具、个体防护设备、医疗设备和药品、生活保障和救援物资等，应进行定期检查、维护和更新。不得挪用救援物资及救援设备。

（2）隧道施工应建立兼职救援队伍。

（3）施工过程中应加强通风效果检测，供水供电管道、线路应通畅，同时应设置备用设备和备用电源。

（4）隧道内交通道路及开挖作业等重要场所应设置安全应急照明和应急逃生标志，应急照明应有备用电源并保证光照度符合要求。

（5）软弱围岩隧道开挖掌子面至二次衬砌之间应设置逃生通道，随开挖进尺不断前移，逃生通道距离开挖掌子面不得大于20 m。逃生通道的刚度、强度及抗冲击能力应满足安全要求，逃生通道内径不宜小于0.8 m。

3.6　交通安全设施

3.6.1　基本要求。

（1）公路工程交通安全设施必须与主体工程同时设计、同时施工、同时投入生产和使用。

（2）交通安全设施施工应按照《公路养护安全作业规程》（JTG H30—2015）的规定，设置施工作业控制区域。

（3）交安设施与路面交叉施工时，应采取措施，防止交叉污染。

3.6.2　波形梁护栏。

（1）波形梁护栏应具有较好的视线诱导功能，能与道路线形相协调，外形美观，护栏任何部分不得侵入公路建筑限界，可参照图3.6-1实施。

图 3.6-1　波形梁护栏示例

（2）施工过程中防止打桩机泄漏柴油，采取在打桩机下采取覆盖措施，并定期清理以免泄漏污染成品路填平，不得晃动或吊空；盖板规格应统一，可以互换。

（3）波形梁调整时梁板及立柱不得现场焊割或钻孔，也不得通过使防阻块明显变形来调整。

（4）在中央分隔带护栏施工时，应注意与通信管道及人孔等的配合，护栏立柱应避开人孔。中央分隔带护栏，应在通信管道施工完成后再进行施工。

（5）为防止卸护栏板时砸坏拦水油槽，采取在卸护栏板时两人在车下接板，并尽可能地保证轻拿轻放。

（6）护栏钻孔施工产生的渣土应及时清理，护栏底部裸露地面应采取临时覆盖措施。

3.6.3　交通标志。

（1）标志反光膜必须按照反光膜生产厂家的贴膜要求进行粘贴，为保证颜色的一致性，同一块标志牌采用同一卷反光膜；如反光膜有方向性，粘贴时应注意横、竖的方向性；字符笔画不允许拼接；反光膜的粘贴应注意防雨、防尘，粘贴时应由下而上粘贴，即粘贴口始终向下，中间不得存有气泡、杂质等。

（2）标志基础浇筑混凝土时，为防止混凝土撒落在边坡及三维植被网上，采用溜槽浇筑混凝土的方法，并在下面铺土工布或塑料布将散落的及多余的混凝土集中统一处理。

（3）标志施工中高处作业时，施工人员必须符合本指南第 2.9.3 条的规定，系好安全保险带或保险绳，宜采用升降车作业。

（4）吊车配合高处作业时必须严格管理作业现场，并设专人指挥指挥交通，确保安全。

（5）施工组织绕行标志牌应符合《道路交通标志和标线 第4部分：作业区》（GB 5786.4—2017）中相关规定。

3.6.4 交通标线。

（1）施工前应封闭交通，对施工路段认真检查，彻底清理，保证施工区域干燥清洁无杂物，用水线放样车沿基准线进行放样。

（2）喷涂标线时，应有交通安全措施，设置适当警告标志，阻止车辆及行人在作业区内通行，防止将涂料带出或形成车辙，直至标线充分干燥，可参照图 3.6-2 实施。

图 3.6-2　标线施划示例

（3）喷涂标线时应匀速、连续，确保涂膜厚度均匀、整齐。施工时，标线起终点应粘贴胶带纸。

（4）标线施工应及时去除溢出和垂落的涂膜，对不符合要求的标线进行修整，检查厚度、尺寸、玻璃珠的撒布情况，收集四处散落的玻璃珠。

（5）标线线型应流畅，与道路线形相协调，曲线圆滑，不允许出现折线。

3.6.5 防眩设施。

（1）按照施工设计要求的间距放样，定出标记，用电钻打孔，施工时不得破坏通信管道、混凝土护栏等其他设施。

（2）安装防眩板时必须挂线，戴手套，以保证顶面平整、平齐及清洁。

（3）按设计要求处理好路段与桥梁上的防眩设施的位置及高度，不得出现高低不平甚至扭曲的外形。

(4)防眩板或防眩网安装后,不得削弱混凝土护栏的原有功能。

3.6.6 隔离栅和桥梁防护网。

(1)施工前应先对安装线上的地面进行清理、整平,清除宽度为安装线两侧各1m。当地形出现变化时,应予修整,保证隔离栅顶面线形圆滑平顺。

(2)隔离栅刺铁丝采用低碳冷拉钢丝,并符合国标的规定,刺间距离要求均匀、美观。

(3)桥梁防护网网片应尽早安排施工,安装牢固,网片应平整、紧绷。

3.6.7 声屏障。

(1)声屏障施工所用钢地脚螺栓下部为标准弯钩,应采用热镀锌防腐处理;螺纹上须采用上油防锈,并采取防磕碰损伤措施。

(2)声屏障基础外观平整美观,不得造成路面污染及构筑物破损,可参照图3.6-3实施。

图 3.6-3 声屏障示例

3.7 房建工程

3.7.1 基本要求。

(1)本章节适用于济南市公路工程停车区、养护工区、服务区新改建。路基、路面等单位工程建设参考本指南"3.2 路基工程"及"3.3 路面工程"等部分。

（2）工程施工前，应对施工现场、机具设备及安全防护设施等进行全面检查，并经有关部门检查认证，确认符合安全要求后方可施工。

（3）施工现场临时设施、临时道路的设置应科学合理，并应符合安全、消防、节能、环保等有关规定。施工区、材料加工及存放区应与办公区生活区划分清楚，并应采取相应的隔离措施。

（4）施工现场应实行封闭管理。参照本指南第 2.3.1 条的相关规定，采用硬质围挡封闭，围挡高度不应低于 2.5 m。

（5）施工现场入口处应参照本指南第 2.5.3 条的相关规定设置大门及定型化车辆冲洗设备。

（6）施工场内道路、仓库、材料存放场及加工区、办公及生活区域地面必须 100%硬化，材料存放及加工区地面应高于周围地面。场区内设置临时排水管网，确保无积水。

（7）应加大绿化覆盖率，最大限度减少防尘网的使用。未硬化的裸露土地具备条件的必须 100%绿化；不具备绿化条件的，采取固化或覆盖措施，确保不起尘。

（8）建筑废料、建筑垃圾要及时清理到固定存放点，分类堆放，日产日清，散状垃圾密闭运输，无法及时清运的集中存放、严密覆盖

（9）楼层内工完场清，楼层地面定时洒水，整洁干净不起尘。

（10）建筑物内施工垃圾的清运，必须采用相应容器或管道运严禁凌空抛撒。

（11）外脚手架密目网封闭严密，架体操作层建筑垃圾及时清理。

（12）参照本指南第 5.3.2 条及 5.3.3 条的相关要求，安装扬尘污染在线监测及视频监控系统。

（13）应配备足额喷雾设备，满足场内土石方施工湿法作业需求。

3.7.2 洞口及临边防护。

（1）基坑边、通道口、预留洞口、楼梯口、电梯井口和阳台、楼板、屋面等临边部位必须设置安全防护围栏或盖板。

（2）水平洞口长边大于 1.5 m 的四周设置安全防护围栏，挂密目安全网，长边小于 1.5 m 设置盖板。垂直洞口和属于高处作业的临边设置围栏。所有防护围栏高度不得小于 1.2 m，屋面层临边防护高度不得小于 1.5 m。围栏应连续、

稳固，不得使用木、竹材料。不得用警示带、活动围板、铁马等作为临边防护。电梯井道内每隔两层且不大于10 m设置安全平网，可参照图3.7-1实施。

图3.7-1 水平洞口防护示例

（3）基坑边不得堆载，防护外侧设置截水沟，防护栏上挂安全警示标志和夜间警示灯。深基坑设置不少于2处上下通道。通道防护要求与脚手架通道一致。

3.7.3 卸料平台。

（1）卸料平台侧面防护高度不小于1.2 m，平台周边防护严密。卸料平台不得与脚手架有任何连接。

（2）卸料平台必须经验收合格后方能投入使用，并应在内侧醒目位置张贴验收合格牌，标明限载值。

3.7.4 安全通道。

（1）入口防护：楼栋首层出入口处必须搭设防护棚，两侧用密目安全网封闭，在醒目位置设置安全警示标识。

（2）安全通道：人行通道必须设置防护棚，防护棚用木板或钢板铺设密实，不得采用铁皮或竹桥板。防护棚长度对高层建筑不小于6 m，多层结构长度不小于3 m。当建筑物高度超过30 m时棚顶采用双层防护。防护棚不得附着于脚手架。通道应保持畅通、整洁，不得堆放材料、杂物，可参照图3.7-2实施。

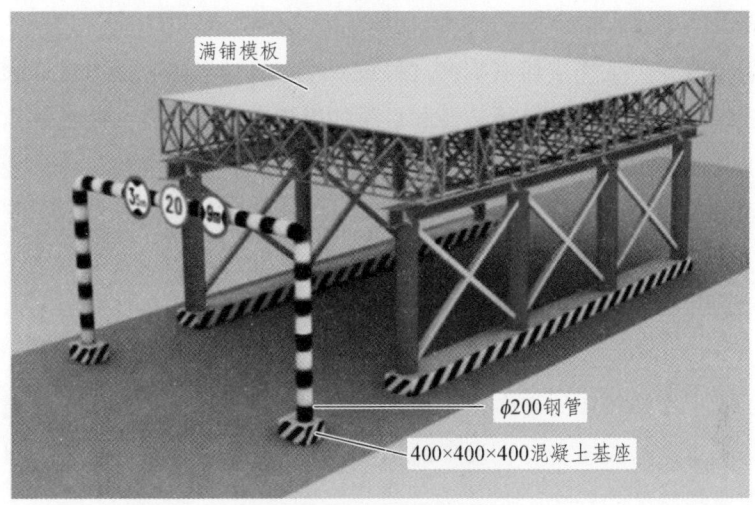

图 3.7-2 安全通道示例

3.7.5 集中加工区与材料堆放。

（1）钢筋加工场独立设置，有安全防护棚（宜采用工具式），钢筋原材架空堆放，钢筋半成品分类堆放，钢筋挂设标牌（标明其钢材产地、规格、进场日期、检验状态、编号、使用部位等）。

（2）砂浆搅拌场集中设置，搅拌场封闭，且防护到位，砂石分池储存，有封闭水泥仓库。项目当地禁止使用袋装水泥或禁止现场自拌混凝土与砂浆的应严格执行，现场不得人工拌和砂浆或混凝土。

（3）集中设置模板配置与加工车间、门窗（铝合金）加工制作车间等。模板加工场应配置灭火器，及时清理木屑、废料。

（4）在塔吊覆盖范围内的防护棚应采用双层防护。

（5）所有建筑材料按总平面布置图分类集中堆放整齐，设标牌标明名称、规格、状态等，有必要的防火、防雨、防锈蚀等措施。堆放方式和高度满足其品质与安全要求。

3.8 公路养护工程

3.8.1 基本要求。

（1）公路养护应贯彻"预防为主，防治结合"的方针，加强预防性养护，保持公路及其沿线设施良好的技术状况。

（2）公路养护工作应切实贯彻"科技兴交，科学养路"的方针，大力推广和应用先进的养护技术、机械装备和科学的管理方法，提升文明施工水平。

（3）公路养护工作应重视资源节约和环境保护，注重养护生产作业安全及减少对通行车辆的影响。

（4）公路养护维修作业必须保障养护维修作业人员和设备的安全，以及车辆的安全运行。在进行养护维修作业前，应制订交通组织设计及安全专项施工方案。

（5）养护维修作业的安全设施在未完成养护维修作业之前应保持完好，任何人不得随意撤除或改变安全设施的位置，扩大或缩小控制区范围，以保证养护维修作业控制区的安全。

（6）凡在公路上进行养护维修作业和管理的人员必须穿着带有反光标识的橘红色的工作服装，可参照图3.8-1实施。

图3.8-1　养护作业人员穿着反光工作服装

（7）公路路面养护维修作业应按作业控制区交通控制标准设置有相关的渠化装置和标识，必要时应指派专人负责维持交通。在可能发生山体滑坡、塌方、泥石流及高路堤、陡边坡等路段养护维修作业，必要时应设专人观察险情，严防安全事故发生，可参照图3.8-2实施。

3 文明施工精细化

图 3.8-2　养护作业控制区示例

（8）严禁在能见度差（如夜间无照明设施、大雾天）的条件下进行人工清扫。

（9）路面清扫应采用路面清扫车进行清扫。

（10）凡需占用车道进行绿化作业时，必须按作业控制区布置要求设置有关标识。

（11）高速公路、一级公路中央分隔带，边坡绿化浇水作业时，浇水车辆尾部应安装可变标识或按移动养护维修作业控制区布置。

（12）道路检测车、路面清扫车、护栏清洗车等在高速公路一级公路进行道路性能检测和作业时，凡行进速度低于 50 km/h 时，应按临时定点或移动养护维修作业控制区布置，或在设备尾部安装反光可变标识，可参照图 3.8-3、图 3.8-4 实施。

图 3.8-3　道路清扫车示例　　　　图 3.8-4　公路检测车示例

· 085 ·

（13）养护维修作业控制区应根据《公路养护安全作业规范》（JTG H30—2015）的要求布置。

3.8.2　路基养护。

（1）土路肩可种植草皮或利用天然草加固路肩。种植草皮应选择适宜于当地土质、易于成活和生长的草类。采用铺草皮或利用天然草加固土路肩时，草皮或天然草应定期修剪，草高不宜超过 150 mm，以利于排水，并保持路容美观。

（2）路基边坡状况应尽可能与周边自然景观相协调，在有条件的路段应优先采取植物防护坡面技术，如种植灌木、铺草皮等。也可采用"液压喷播""客土喷播"和"岩质坡面喷混植生技术"等技术措施。

（3）原有排水设施不能满足使用要求时，应适时增设和完善。新增排水设施应满足相关规范要求。

3.8.3　路面养护。

（1）经常清扫路面，及时清除杂物、清理积雪积冰，保持路面整洁，做好路面排水。清扫时，应防止产生扬尘而污染环境，并及时清除和处理路面油类或化工类等沾污物。

（2）雨后路面积水应及时排除。在春融期，特别是汛期，应对排水设施进行全面检查并疏通。冬季降雪天气应及时除雪除冰，并采取必要的路面防滑措施。

（3）严禁履带车和铁轮车在沥青路面上直接行驶，如必须行驶，应采取相应保护措施。

（4）病害维修。应做好材料准备，保证工序之间的衔接，对坑槽、沉陷、车辙等需将原路面面层挖除后进行机械修补作业的病害，宜当日开挖当日修补，并设置警示标识保障行车安全，可参照图 3.8-5 实施。

图 3.8-5　公路病害处理示例

（5）路面翻修应对旧沥青面层、旧水泥混凝土面层后尽可能予以再生利用，可参照图 3.8-6 实施。

图 3.8-6　沥青罩面示例

（6）应加强水泥混凝土路面接缝的施工质量，确保其密实、饱满、黏结良好，接缝料局部脱落、缺损、老化时应及时灌缝或更换填缝料，提高水泥混凝土路面的使用寿命和路容美观。

（7）路缘石应保持良好状态，若出现松动、缺损、应及时进行修整或更换。

3.8.4　涵洞养护。

（1）保持洞口清洁无杂物，洞内排水畅通，发现淤塞或积雪、积冰应及时疏通和清除。经常积雪或积雪较深的涵洞，入冬前可在洞口外加设栅栏；易发生积冰的涵洞，宜用柴草封住洞口，融雪时及时拆除。

（2）涵底铺砌、洞口上下游路基护坡、引水沟、泄水槽、沉沙井发生变形或出现缺口，应及时修理或封塞填平。

（3）对局部损坏承载力不足的涵洞应及时维修加固或改建，保障通行安全。

3.8.5　桥梁养护。

（1）钢筋混凝土及预应力混凝土梁桥梁（板）端头、梁体底面、隔板表面应适时清扫，保持清洁，排除积土。

（2）应及时清除伸缩缝内积土、垃圾等杂物，使其发挥正常作用，若有损坏或功能失效应及时修复或更换。

（3）桥面出现病害面积较小时，应局部修补；面积较大时，有条件的可将整跨铺装层凿除，重铺新的铺装层。一般不应在原桥面上直接加铺，以免增加桥梁恒载，影响桥梁结构安全。

（4）桥梁两端的警示柱、防撞护栏，涂有警示标识的，应定期涂刷，保持油漆颜色鲜明。

（5）桥下设置的防撞、导航、警示标识等附属设施应加强检查、维护、保持良好的技术状况，确保通行或通航安全。

3.8.6 隧道养护。

（1）应保持隧道外观整治、隧道内路面平整、衬砌完整无明显开裂和剥落。标志标线清晰醒目，排水系统良好。对结构物及其附属设施（照明、通风、监控等）进行预防性维护和修复，保持良好的技术状况。

（2）洞口。应及时清除洞口边坡危石、浮石，冬季应清除积雪和挂冰，保持洞口边沟和边仰坡上截（排）水沟的良好、畅通，修复洞口挡土墙、护坡、排水设施和减光设施等结构物的轻微损坏，维护洞口附近花草树木。

（3）洞身。对于无衬砌隧道出现的碎裂、松动岩石和危石，应本着"少清除、多稳固"的原则进行处治；对于围岩的渗漏水，应开设泄水孔接引水管，将水导入边沟排出，冬季应及时清除洞顶挂冰；对于有衬砌隧道出现的衬砌起层或剥离，应及时清除和加固；对于衬砌的渗漏水，可将水流引入边沟排出；冬季应及时清除洞顶挂冰等。

（4）路面。及时清除隧道内外路面上的塌（散）落物，及时修复、更换损坏的窨井盖或其他设施的盖板；当路面出现渗漏水时，应及时处治，将水引入边沟，防止路面积水或结冰；冬季应及时清除洞口处积雪。

（5）人行和车行横洞。横洞内严禁存放任何非救援用物品，及时清除散落杂物，修复轻微结构破损，定期保养横洞门，保持横洞清洁、畅通。

（6）吊顶和内装。吊顶和内装应保持良好和整洁美观，如有破损、缺失应及时修补恢复，不能修复的应及时更新。

（7）人行道或检修道。维护人行道或检修道的良好和畅通，道板如有破损或缺失，应时进行修复和补充；定期保养人行道或检修道护栏，防止其锈蚀、损坏。

（8）排水设施。及时维护隧道内外排水设施，发现破损及时修复；排水管堵塞时，可用高压水或压缩空气疏通。

（9）通风。隧道应保持良好的通风，保持 CO、烟雾浓度小于规定的容许值；及时清理送（排）风口的网罩，清除堵塞网眼的杂物；定期保养风道板吊杆，防止其锈蚀；及时修复风口或风道的破损，更换损坏的风道板。

（10）照明。隧道内照明亮度应满足设计要求。高速公路隧道照明设施的完好率应不低于95%，其他公路隧道应不低于90%。当照明光源达到其额定寿命的 90%时，应进行成批更换，并选用节能光源。中间段连续损坏 2 盏以上灯、洞口加强段连续损坏 3 盏以上灯时，应及时进行更换或维修（可参照图 3.8-7 实施）。

图 3.8-7　隧道照明养护示例

（11）监控和消防。施工单位应按照设计要求完善监控设施，相应线路及布设路径应符合设计及安全使用要求，监理单位应加强安装过程中检查。监控设施安装完成后，经监理工程师检验验收合格后，方可进入下一步工序。隧道消防器材洞室应设置明显标志，对存放的消防器材应定期进行补充、更换。各种消防与救援设施的标志应保持完好、醒目（可参照图 3.8-8 实施）。

图 3.8-8　消防器材室示例

隧道内不准存放汽油、柴油等易燃易爆物品。严禁明火作业与取暖。隧道内的紧急停车带、行车（人）横洞、避车洞或错车道不准堆放杂物。

（12）消音设施。

高速公路的长隧道和特长隧道、其他公路的特长隧道原未设置消音设施的，随着交通量增长引起噪声增大，影响正常通行管理时，可根据实测的噪声值，增设消音设施。增设的消音设施，不得侵入隧道建筑限界。消音设施应每月清洁一次，如有损坏应及时修复或更换。

3.8.7 交通安全设施养护。

（1）交通安全设施应遵循"保障安全、提供服务、利于管理"的原则，保持完整、齐全和良好的工作状态。

（2）交通标志。应保持完整、清晰、醒目，保持位置、高度和角度适当，交通信息无误。及时清洗标志板面的脏污，清除遮挡标志的障碍；及时修补变形、破损的标志，修复弯曲、倾斜的支柱，紧固松动的连接构件；对锈蚀损坏、老化失效的标志，应及时更换，缺失的应及时补充。

（3）交通标线。应保持完整、清洁和醒目。及时清洗脏污的标线，对破损严重和脱落的标线应及时补画；清除突起路标上的脏污和杂物，及时紧固松动的路标，发现损坏或丢失的，应及时修复或补换。

（4）护栏。波形梁钢护栏。应保持结构合理、安全可靠；各部件应完整、无缺损；防腐层应无明显脱落；护栏板搭接方向正确，螺栓紧固；护栏线形顺畅，无明显变形、扭转、倾斜。水泥混凝土护栏应保持线形顺畅、结构合理；无明显裂缝、掉角、破损等缺陷。

（5）轮廓标。应保持表面清洁、无缺损、无明显褪色；光度性能符合要求，保持其在夜间良好的视认性。

（6）隔离栅。应保持完整无缺，功能正常；无明显倾斜、变形；各部件稳固连接；防腐涂层无明显脱落、锈蚀现象。

（7）防眩设施。应保持完整、清洁，具有良好的防眩效果；应安装牢固，无缺损；无明显变形、褪色或锈蚀。

3.9 成品保护

3.9.1 基本要求。

（1）施工单位应针对施工完成的外露部位，制定成品保护措施，确保各部位外露面完整、洁净。监理单位应对成品保护措施落实情况监督检查，确保落实到位。

（2）充分考虑保证交叉施工、不相互干扰为前提条件，制定多工种交叉施工作业计划和措施。合理安排施工顺序，避免或减少工序间的损伤和污染，凡下道工序对上道工序会产生损伤污染和破坏的，须先采取有效的已完工程保护措施，否则不许开工。

（3）施工中视不同情况，分别对已完工程进行隔离栏保护，或采取塑料布或塑料纸包裹、土工布覆盖或对已完工部位进行局部封闭的措施。

（4）混凝土施工时必须设计可靠的混凝土模板、作业平台、支架等设施，拆模时不得用大锤、撬棍硬砸、硬橇，以免混凝土外形或内部受到损伤。

（5）严格按照高性能混凝土施工要求，通过工艺试验制定合理的混凝土养护措施，按客专验标的要求进行养护，在成品混凝土强度未

（6）严禁将已成型的路基用作施工便道，雨天严禁车辆在成型的路基上行驶。

（7）对竣工交付前的产品可进行标识防护，并根据工程合同或业主的要求，进行特殊防护。

3.9.2 路基成品保护措施。

（1）路基整形以后，在未经允许进入下道工序之前应进行封闭，不得停靠大型车辆。

（2）在雨天过后，路面未干之前，成型路基应防止车辆、行人和牲畜在上通行。

（3）路基边坡在未进行防护之前，应做好防雨措施，避免因暴雨冲刷引起路基边坡垮坍。

（4）改良土填筑碾压完成后，应进行养护，雨前应采用塑料薄膜覆盖；养护期间，严禁车辆、重型机械在其上行驶。

（5）附属工程施工，高挡墙应注意在砌筑的时候，避免因砂浆脱落污染墙面。浆砌及混凝土工程在砂浆及混凝土强度未达到设计强度时，不得承重并应设置防止行人践踏措施。

3.9.3 路面成品保护措施。

（1）钻取芯样时至少配备2支水桶，其中1支用于存放取芯时产生的污水；取芯时要准备好足够的棉纱和海绵块，用于围挡和汲除取芯产生的污水。取芯后及时清理洞内污水和散流污水，避免对取芯部位和周围路面造成污染，在上、中、下面层施工时配备水车随时将取芯污水对路面产生的污染冲刷干净；取芯孔孔壁及时擦洗干净，在用沥青混凝土填塞前要用热沥青涂刷孔壁，填塞的沥青混凝土要夯实，建议使用手动重型击实仪夯实。渗水试验时采用肥皂或橡皮泥做封水材料，严禁使用黄油封水。

（2）在水泥稳定碎石基层施工完成后，立即进行边沟、排水沟、泄水槽、路缘石、平交道口施工，避免施工过程混凝土污染沥青层。

（3）加快预制块、路缘石等预制安装，保证附属工程施工与水稳层施工能同步进行。防止交叉施工污染，确保防污染目标实现。

（4）在进行边部排水施工、路缘石、预制块等施工时，分别进行如下处理措施：砂石材料在路面上堆积前应采用防水土工布进行铺垫，并且铺垫面积不小于材料堆积面积的2倍，对散落在路面上的零星砂、土等污染物，及时采用高压清洗车冲洗清理；路缘石安装时分别在边部至少铺设横向4米宽纵向满铺的防水土工布，避免砂浆或混凝土直接污染路面。附属工程混凝土、砂浆统一采用集中拌和，砂浆采用移动式存放车集中存放施工。

（5）及时对施工现场的废渣统一收集统一处理（运到弃土场），不得随意将施工废料抛撒在边坡或便道上。

（6）水稳基层施工完成后应及时喷洒透层油，防止水稳表面污染。水稳养护期间，不得开放交通。

（7）中央绿化带填土时，使用装载机端土，人工进行填补整平，路面洒落及时用扫把或水车进行冲洗。

（8）对已完成的沥青路面，禁止携带污染物的车辆上路。

（9）混凝土边沟、泄水槽施工时，必须使用面积不小于 5 m^2 的铺垫在水泥罐车卸料口下方，散落的混凝土及时清除，并用水冲洗或用钢丝刷清理。

3.9.4 路缘石成品保护措施。

（1）在路缘石外露面实施包裹防护措施，防止粘层油或面层沥青污染路缘石。

（2）路缘石施工完后路肩回填等施工过程中，严禁用机械碰触路缘石，造成路缘石移位或损伤。

（3）对损伤、移位或污染的路缘石及时调整或更换。

3.9.5 混凝土工程成品保护措施。

（1）混凝土模板拆除后应及时铺盖毡布，覆盖时不得损伤或污染混凝土表面，同时洒水养生，保证养生湿度及时间要求。

（2）新浇筑混凝土在强度达到要求前，不得使其承受行人、运输工具、模板、支架等额外荷载。

（3）油漆、酸类等物品在混凝土表面放置时，应用桶装放置，并对混凝土表面采取覆盖保护措施。

（4）桥梁安装支座时，灌浆料要避免洒落在墩顶及顺直墩身流淌，一旦出现及时清理，杜绝污染墩身混凝土。

（5）梁板张拉时所用油顶、空压机，应铺设垫板，并做好覆盖措施，防止漏油导致污染混凝土表面。张拉注浆时，应防止压浆料污染桥面。

（6）桥面施工时，施工材料应分散均匀放置，禁止集中堆放，避免应力集中，造成偏载。往桥面吊装重物时，应轻吊轻放，严禁重物、重锤击打桥面，并且要避免磕碰损伤混凝土棱角。

（7）严禁在混凝土成品构件上随意开槽打洞，应按照设计要求预留孔洞。

（8）混凝土应达到规定强度后方可凿毛，凿毛后，应及时清理残渣，确保混凝土表面干净平整。

3.9.6　交安设施成品保护措施。

（1）标线。标线施划完成后，对标线施工区域进行安全围封，安排专人对现场施工车辆进行疏导，避免过往车辆对标线进行碾压。因交叉施工现场施工车辆较多，履带车辆在挖土施工方过程履带对标线有损坏，与路面施工单位沟通在标线上覆盖木板、轮胎，防止履带与标线直接接触。

（2）波形梁护栏。波形梁钢护栏应采用自动护栏装卸设备进行材料装卸，避免出现划痕、涂层破坏现象。护栏施工完成后，安排专人对线形进行调整，螺栓进行紧固，确保美观、牢固。

4 文明施工规范化

4.1 一般规定

4.1.1 公路工程建设项目应落实各级部门有关文明施工的各项规定，进一步规范化管理，完善相关制度，巩固文明施工"精益智造"之本。

4.1.2 各参建单位应在合同文件中明确文明施工的目标及参建各方的责任，并建立专款专用制度对相关费用进行管理。

4.1.3 参建单位应针对文明施工内容，制定专项考核办法，加大奖惩力度，督促各单位、人员落实责任，加强管理，确保完成任务目标。

4.1.4 节假日、重大活动期间，参建单位应严格落实 24 小时值班制度及领导带班制，加强措施落实力度，增加巡查频次，落实扬尘治理，保证交通畅通，确保安全工作形势稳定。

4.1.5 公路工程各参建单位应认真贯彻落实上级有关主管部门相应法律、法规以及文件部署，规范劳务用工和农民工工资支付工作，构建农民工工资支付长效机制，坚决防止拖欠农民工工资违法违规行为，依法保障农民工合法权益和社会和谐稳定。

4.1.6 贯彻执行国家和地方政府颁布的有关环境保护的工作方针、政策、法规和上级有关规定，建立健全专项方案审查、交底及班前会、应急响应等制度，编制完善安全、环保等资料。

4.2 农民工工资支付管理

4.2.1 落实农民工实名制管理制度。

（1）济南市公路工程应全面落实农民工实名制。建设单位负领导责任；施工单位对所承包工程项目的农民工实名制管理和工资支付负主体责任，并负责做好对劳务公司、分包企业农民工实名制和工资发放工作的管理；劳务公司和分包企业对农民工实名制管理、工资支付负直接责任，并应服从施工单位的管理。

（2）施工单位应组织与农民工先签订劳动合同再进场施工，确保项目每名农民工均签订劳动合同。施工单位工程项目部应留存每名农民工身份证、劳动合同书等复印件备查，并负责核验、留存劳务公司和分包企业与招用的农民工签订的劳动合同。

（3）施工单位应建立健全农民工实名制管理措施，在工程项目部配备劳资专管员，建立农民工花名册、进退场、考勤计量、工资支付等管理台账；并负责汇总劳务公司、分包企业农民工实名制信息，及时报送建设单位及负责该项目监管的交通行政主管部门。施工单位应指定专人负责农民工实名制管理工作，不得以包代管。在项目施工现场应逐步配备电子考勤设备，逐步实现信息化实名制管理。

（4）施工单位应在施工现场醒目位置设立公示牌，公示工程建设项目基本情况，农民工考勤计量、工资支付情况，施工单位、劳务公司、分包企业、监理单位、建设单位相关负责人的联系方式，以及负责该项目监管的交通行政主管部门和劳动保障监察等投诉渠道。

4.2.2 落实农民工工资专用账户管理制度。

（1）济南市公路工程项目应全面落实工资专用账户管理制度，实现人工费与其他工程材料款分账管理。施工单位应分解工程价款中的人工费，在项目所在地银行开设工资专用账户，专项用于支付农民工工资，并与建设单位和开户银行签订工资专用账户资金三方监管协议。施工单位应在工程开工后15个工作日内，向项目所在地人力资源和社会保障、交通运输等行业主管部门备案。

（2）建设单位在办理施工许可证前出具的项目资金到位证明所涉及的专项资金，必须保证用于该工程，并由施工许可部门会同出具证明或担保机构负责监督资金使用流向，优先用于支付农民工工资。

（3）施工单位应按月将人工费足额拨付到工资专用账户并及时发放，并于下月向工程所在地交通运输等行业主管部门报送所在项目劳务人员上月工资发放明细（银行发放记录），不得以工程款未到位等为由克扣或拖欠农民工工资，不得将合同应收工程款等经营风险转嫁给农民工，不得采取每月支付生活费、过后结算工资的方式支付工资。

（4）施工单位应委托工资专用账户开户银行负责日常监管，确保专款专用。工资专用账户只能用于该项目划拨人工费和支付农民工工资，不得多个项目共用或挪作他用。开户银行发现施工单位未向工资专户拨付当月人工费超过15天、账户资金不足、被挪用等情况，应及时通知建设单位并向人力资源和社会保障及交通行政主管等部门报告。

（5）已开工在建但尚未设立工资专用账户的公路工程项目，建设单位与施工单位签订补充合同条款，设立工资专用账户。由施工单位按月向工资专用账户拨付人工费，通过工资专用账户支付农民工工资。

（6）工程项目完工验收并已足额支付农民工工资后，施工单位可向建设单位提出工资专户撤销申请（包括工资结算情况和无拖欠工资承诺等），经建设单位审核通过后，可凭建设单位同意撤销证明，到工资专用账户开户行办理撤销手续。工资专用账户撤销后，账户余额划至合同约定的施工单位账户。

4.2.3 落实施工单位直接代发工资制度

（1）济南市公路工程应全面落实施工单位直接代发工资制度。施工企业应为其自有工人办理个人工资卡，劳务公司、分包企业负责为其农民工办理个人工资卡，并负责将工资卡发放至农民工本人手中。劳务公司、分包企业委托施工企业，通过工资专用账户直接向农民工代发工资。

（2）施工单位负责每月考核农民工工作量并编制工资支付表，经农民工本人签字确认后，交监管银行。监管银行根据施工单位提交的工资支付表，按月将工资专户资金划入农民工个人工资卡中，监管银行发现工资专户资金不足以支付当月农民工工资超过 5 天时，应向建设单位和负责监管的交通主管部门报告。

（3）对不超过15天的临时用工，不能实行委托银行按月代发工资的，施工单位可直接将农民工工资发放至农民工个人银行卡，并保留相关记录。施工单位不得以工程款未到位等为由延缓审核、提报农民工工资支付表，不得将合同应收工程款等经营风险转嫁给农民工。

4.2.4 农民工工资支付监督管理。

4.2.4.1 监督检查内容如表 4.3-1 所示。

表 4.3-1 监督检查表

序号	监督检查内容	检查结果	备注
1	是否建立农民工实名制花名册和工资支付台账；		
2	是否开设工资专用账户并专款专用；		
3	劳务公司、分包企业是否委托施工单位直接代发工资；		
4	用工企业是否与农民工均签订了劳动合同；		
5	农民工是否办理了工资卡并由本人持有；		
6	农民工的台账信息是否与本人一致；		

续表

序号	监督检查内容	检查结果	备注
7	是否进行了农民工进退场考勤；		
8	农民工作量、工资支付表是否真实准确；		
9	农民工工资是否按月足额发放、月结月清；		
10	最低工资标准执行情况等。		

注：对检查发现的问题，应责令立即整改，对拒不整改的，应及时上报主管部门查处。

4.2.4.2 考核措施。

（1）对农民工工资支付及时、规范、无拖欠的施工企业，建设单位可采取相应的激励措施，减免其缴存的农民工工资保证金，可按比例随时计量支付工程款分期返还；对工资支付不及时、不规范、存在拖欠的施工企业，项目建设管理单位应依据合同条款进行处罚。施工单位不按时支付农民工工资，数额超过专户存储工资保证金金额，项目所在地行政主管部门、劳动保障部门可动用该企业的工资保证金支付，并会同建设单位从应发放工程款中补足差额部分，施工单位应在动用之日起10日内按动用金额的200%补存工资保证金。

（2）监理单位应将农民工工资支付情况纳入监理日志内容，按相关标准及时审核施工单位已完成施工产值中的人工费，并督促用工企业按时完成工资支付表编制、审核、公示以及提报监管银行等工作。对施工单位未按时足额拨付人工费以及劳务、分包企业未按时提报农民工工资支付表的，应及时向建设单位和负责该项目监管的交通主管部门报告。

4.3 文明施工专项方案审查

4.3.1 建设单位及监理单位应加强施工单位专项文明施工方案的审查工作。

4.3.2 为加强建设工程项目的安全技术管理，防止在施工过程中发生安全事故，为保障人身和财产安全，对危险性较大的施工项目，施工单位必须编制专项施工方案。

4.3.3 危险性较大的分部分项工程应按照规范要求和规定程序，完善专项施工方案，并由施工单位应按照程序组织专家论证。

4.3.4 危险性较大工程是依据《建设工程安全生产管理条例》第二十六条所指的七项分部分项工程，应当在施工前单独编制专项施工方案。

（1）基坑支护与降水工程：开挖深度超过5m（含5m）的基坑（槽）并

采用支护结构施工的工程；或基坑虽未超过 5 m，但地质条件和周围环境复杂、地下水位在坑底以上等工程。

（2）土方开挖工程：开挖深度超过 5 m（含 5 m）的基坑、槽的土方开挖。

（3）各类工具式模板工程：水平混凝土构件模板支撑系统及特殊结构模板工程。

（4）起重吊装工程。

（5）脚手架工程：落地式钢管脚手架、附着式升降脚手架、悬挑式脚手架、满堂脚手架。

（6）其他危险性较大的工程：盖板及箱梁的安装施工、预应力结构结构张拉施工、明涵基础及开挖工程施工、桥梁工程施工、钢筋加工及捆绑施工。

4.3.5 监理单位应将文明施工纳入监理细则，发现违反文明施工的行为，应要求施工单位立即改正。

4.4 交底及班前会制度

4.4.1 交底制度。

4.4.1.1 交底目标：落实国家、本省及本市现行的有关工程建设文明施工的法律、法规、规范、强制性标准等要求，使参与工程施工的技术人员和作业人员熟悉和了解所承担工程任务特点、技术要求、施工工艺、工程难点及施工操作要点，并针对工程施工中存在的不文明行为、不安全因素进行预先分析，从而进行控制和消除工程施工过程中的文明、安全隐患，从技术上和管理上采取措施，防止不文明、不安全现象的发生。

4.4.1.2 交底要求如下：

（1）交底要全面准确、针对性强，不能流于形式，要交底到施工班组的每一个工人。

（2）交底要经交底人与接受交底人签字方能生效；交底字迹要清晰，必须本人签字，不得代签。

（3）交底后，相关管理人员，要对交底的落实情况进行检查，监督操作人员严格按照交底要求进行施工，禁止"三违"（即违章指挥、违章操作、违反劳动纪律）现象发生，并做好记录。

（4）整个施工过程包括分部、分项工程的施工均须做技术交底，对一些特殊的关键部位、技术难度大、安全隐患大、扬尘风险大的部位，要进行详细交底。

（5）交底必须以书面形式，交底内容字迹要清楚、完整，要有交底人、接受人签字，并按照本指南表 6.1-9、表 6.1-10 格式整理相关内业资料。

4.4.2 班前会制度.

4.4.2.1 班前会的组织形式：班前会是在开始施工作业前，由施工单位各作业班组长负责组织实施，告知参加现场施工活动的一线作业人员具体工作内容和注意事项，并形成班前教育记录的活动。

4.4.2.2 班前会工作制度落实要求如下：

（1）项目技术负责人对班前会宣讲内容审核把关，并按不同分项工程，结合相关工序、工艺，分别整理相关资料（详见表6.1-11），作为班前会制度落实监督检查的内容；项目专职安全负责人应对班前会开展及现场落实情况每日进行自查，并做好记录。

（2）安全监理工程师应在日常巡视中，对班前会开展及现场落实情况进行检查，将检查情况及时反馈，督促整改。

（3）建设办应结合日常巡查，对班前会开展及现场落实情况进行检查，并纳入旬月检考核内容，将考核结果与信用评价相挂钩。

（4）市局将定期不定期抽查班前会开展落实情况及实效，及时通报检查结果，并作为工程建设管理进行信用评价的基础依据之一。

4.4.2.3 施工现场重点核查内容如下：

（1）岗前检查。应清点作业人员数量，察看作业人员身体及精神状态，检查作业人员防护用品穿戴情况，不符合要求的禁止上岗。

（2）施工作业主要内容及要求。明确本班组施工作业任务、施工工序、材料及机械安全使用要求。

（3）安全要点及防范措施。根据当班工作任务结合现场实际情况，明确作业工序、作业区域安全事项及防范措施，做到应知应会，增强作业人员的安全意识。

（4）严禁"三违"行为，明确应急处置措施。告知作业人员"三违"行为可能造成的伤害或后果，发生安全事故时应采取的紧急避险措施、救援措施等。

4.5 应急响应

4.5.1 预警分级。《济南市重污染天气应急预案》规定，重污染天气预警以空气质量指数（AQI）日均值为指标，采用我市省控（含）以上环境空气监测点位连续24小时（可以跨自然日）均值统计计算。重污染天气预警等级由低到高依次为黄色预警（Ⅲ级）、橙色预警（Ⅱ级）、红色预警（Ⅰ级）。

（1）黄色预警（Ⅲ级）：预测 AQI 日均值>200 将持续 2 天（48 小时）及以上，未达到高级别预警条件。

（2）橙色预警（Ⅱ级）：预测 AQI 日均值>200 将持续 3 天（72 小时）及以上，且未达到高级别预警条件。

（3）红色预警（Ⅰ级）：预测 AQI 日均值 > 200 将持续 4 天（96 小时）及以上；或预测 AQI 日均值>300 将持续 2 天（48 小时）及以上；或预测 AQI 日均值达到 500。

4.5.2　响应分级。对应预警等级，实行 3 级响应。

（1）当发布黄色预警（Ⅲ级）时，启动Ⅲ级响应。

（2）当发布橙色预警（Ⅱ级）时，启动Ⅱ级响应。

（3）当发布红色预警（Ⅰ级）时，启动Ⅰ级响应。

4.5.3　响应措施。

4.5.3.1　Ⅲ级响应措施应做到以下内容：

（1）Ⅲ级响应时，应当加强通行路段保洁，非冰冻期适当增加道路机扫和洒水降尘作业频次和范围。

（2）严格施工工地、场站、物料堆场等扬尘监督管理；强化施工工地、场站、物料堆场扬尘控制措施，适当增加洒水降尘频次，减少物料堆场装卸量；停止拆除工程施工作业；停止土石方施工作业［含爆破、基坑（槽）开挖及回填、道路刨掘等］；停止水泥、砂石、渣土等易飞扬细颗粒材料和易扬尘垃圾清扫、归方码垛及装卸作业；停止切割、喷涂、粉刷、护坡喷浆、搅拌等室内外作业（应急、抢险、救灾和生产工艺要求不能立即间断的施工作业除外，地下工程除外）。

（3）纳入重污染天气应急预案减排措施清单的施工单位严格按照相关方案要求执行黄色预警应急减排措施。

4.5.3.2　Ⅱ级响应措施。Ⅱ级响应时，在实施Ⅲ级响应措施的基础上，应增加以下措施：

（1）停止易产生扬尘污染的施工作业（应急、抢险、救灾和生产工艺要求不能立即间断的施工作业除外，地下工程除外）。

（2）绕城高速公路以内及各区县建成区，以柴油为燃料的工程施工机械（包括但不限于装载机、推土机、压路机、沥青摊铺机、非公路用卡车、挖掘机、开槽机、桩工机械、起重机、发电机等）停止使用。

（3）纳入重污染天气应急预案减排措施清单的施工单位严格按照相关方案要求执行橙色预警应急减排措施。

4.5.3.3 Ⅰ级响应措施。Ⅰ级响应时,在实施Ⅱ级响应措施的基础上,至少增加以下措施:

(1)停止施工现场作业(应急、抢险、救灾和生产工艺要求不能立即间断的施工作业、地下工程除外,相关环保管理机构确定的保障类工程按照"一工程一方案"要求施工)。

(2)纳入重污染天气应急预案减排措施清单的施工单位严格按照相关方案要求执行红色预警应急减排措施。

4.6 内业资料

4.6.1 基本要求。

(1)文明施工内业资料应按照公路工程竣工资料的相关要求,确保资料完整、准确、系统,不得随意涂改。

(2)文明施工内业资料应参照本指南"6附则"中对应表格样式整理归档。

(3)代建、监理、施工等单位应配备专人进行文明施工内业资料整理工作,确保与工程项目文明施工活动同步进行,及时跟进。

4.6.2 文明施工内业资料整理内容。

4.6.2.1 代建单位。

(1)应建立文明施工责任制度,成立专项组织机构,与监理、施工单位及内部管理人员签订责任书。

(2)应制定与文明施工有关的扬尘污染防治、噪声污染防治、水污染防治、节水节电、材料回收利用、信息化管理等制度,以及相关会议、培训、交底、检查、考核制度。

(3)应根据上级有关文明施工的要求,编制相关专项实施方案。根据现场实际情况,对文明施工有关工作提出要求、做出提示、进行考核等,存档相关文件资料。

(4)针对上级单位检查反馈意见、通报等,及时整改完善,按时报送整改报告,并存档。针对现场存在的问题书面反馈意见,督促被检查单位按照要求整改,存档反馈文件及整改报告。

4.6.2.2 监理单位。

(1)应建立文明施工责任制度,成立专项组织机构,与施工单位及内部管理人员签订责任书。

(2)应制定与文明施工有关的扬尘污染防治、噪声污染防治、水污染防治、节水节电、材料回收利用、信息化管理等制度，以及相关会议、培训、交底、检查、考核制度。

（3）应根据上级有关文明施工的要求，编制相关专项实施方案。

（4）应在工程开工前编制文明施工监理计划、细则，并报建设单位备案。每月 10 日前，监理单位应向建设单位报送文明施工监理月报，并存档保存。

（5）及时归档文明施工监理工作会议记录。制定文明施工教育培训计划，按照计划开展，并存档相关文字及影像资料。

（6）分项工程开工前，监理单位应对监理人员进行文明施工技术交底，并存档文字及影像资料。根据现场实际情况，对文明施工有关工作提出要求、做出提示，进行考核等，存档相关文件资料。

（7）监理机构应每日对施工现场文明施工开展情况进行巡视，对巡视中发现的问题及处理情况做好记录；文明施工专业监理人员应按照要求开展监理工作，根据工作开展情况，详细撰写监理日志；监理机构应对对敏感部位、工序的全程旁站并记录。

（8）针对上级单位检查反馈意见、通报等，及时整改完善，按时报送整改报告，并存档。针对现场存在的问题及时用监理指令、通知的形式进行反馈，督促被检查单位按照要求整改，存档反馈文件及整改报告。

4.6.2.3　施工单位。

（1）应建立文明施工责任制度，成立专项组织机构，与专业队伍、劳务队伍及内部管理人员签订责任书。

（2）应制定与文明施工有关的扬尘污染防治、噪声污染防治、水污染防治、节水节电、材料回收利用、信息化管理等制度，以及相关会议、培训、交底、检查、考核制度。

（3）应根据上级有关文明施工的要求，编制相关专项实施方案；应复印存档文明施工相关的专业管理人员资质文件；应在工程开工前编制文明施工方案，并由监理单位审核批复；建立环保费用使用台账，并附发票、凭证、计料单等。

（4）定期召开文明施工工作会议，做好会议记录；制定文明施工教育培训计划，按照计划开展，并存档相关文字及影像资料；分项工程开工前，施工单位应对施工管理人员及作业人员进行文明施工技术交底，并存档文字及影像资料。

（5）根据现场实际情况，对文明施工有关工作提出要求、做出提示，进行考核等，存档相关文件资料；施工单位应每日对施工现场文明施工开展情况进行自查，对自查中发现的问题及处理情况计入施工日志。

（6）针对上级单位检查反馈意见、通报等，及时整改完善，按时报送整改报告，并存档。针对现场存在的问题及时反馈，督促被检查人员、队伍按照要求整改，存档反馈文件及整改报告。

（7）制定文明施工应急预案，组织相应演练，存档相关资料。建立环保监测设备及视频监设备使用台账。

4.7 卫生防疫

4.7.1 参建单位应按照劳动法的规定安排工作时间，为员工提供符合环保和卫生要求的工作生活环境；保证员工享有休息、休假、伤病及时救灾的权利。

4.7.2 各参建单位应建立贯穿项目管理层、参建单位、劳务队伍的防控管理体系卫生防疫组织架构，强化各层级管理责任及工作分工。

4.7.3 各参建单位完善防疫体系制度建设，落实定期消毒制度、务工人员实名制管理制度、疫情防控培训教育工作制度、卫生防疫联防联动工作机制。

4.7.4 参建单位要落实工程项目疫情防控主体责任，按照疫情防控工作属地监管原则，服从属地管理部门关于疫情防控工作的统一调度、统一监管。

4.8 监督检查

4.8.1 基本要求。

（1）济南市公路工程在建项目按照上级文件相关要求及本指南的标准要求，开展各项监督检查工作。

（2）代建、监理、施工等单位可根据本指南要求，进一步完善细化。

（3）文明施工相关检查工作可结合巡查、旬月综合检查同时进行。

4.8.2 检查频率。

（1）代建管理单位应按照不小于2次/周的频率，开展文明施工巡查工作，检查内容计入月度考评。

（2）监理单位应按照不小于1次/天的频率，开展文明施工巡视工作，检查内容计入旬检考核。

（3）施工单位应按照不小于1次/天的频率，开展文明施工自查工作。

（4）遇重大活动、节假日等特殊情况，各单位应提前加大检查频率，为重大活动、群众出行创造良好的环境。

4.8.3 检查内容。

4.8.3.1 检查施工现场"六个百分百"（即施工工地100%围挡、散装物料堆放100%覆盖、出入车辆100%冲洗、施工现场路面100%硬化、拆迁工地100%

湿法作业、渣土车辆100%密闭运输）落实情况。

（1）在施工现场明显位置设置扬尘治理公示牌，公开参建各方扬尘治理负责人、主要治理措施、举报电话等内容；扬尘监测重点部位、场站等施工区域配置在线监控设备、环保监测设备，并具备实时远传功能。

（2）公路线性工程实行分段施工，施工作业现场结合通行管理应设置连续硬质围挡；老路挖除、旧结构物拆除、路基填筑、灰土拌和等施工必须采取湿法作业。

（3）场内道路、工地出入口按要求硬化或采用硬质材料铺设，施工区域范围内的裸露地面须采取覆盖、固化或绿化等防尘措施。

（4）物料运输扬尘污染整治情况，运输车辆采取封闭措施，在运输过程中避免遗撒、泄漏物料；场站、主要施工现场出入口处应设置车辆冲洗设施。

（5）加强预制场、拌和场站等加工场站及工地堆放物料场地的扬尘污染整治。按照"空中防扬散、地面防流失、底下防渗漏"的标准控制扬尘污染，对料场等物料集散处应采用防风抑尘网或者其他围封抑尘方式，重点部位要采取喷淋抑尘措施。

（6）非道路移动机械须满足国三及以上排放标准，已招标进场机械达不到排放标准的，要坚决淘汰退出作业现场。

4.8.3.2 检查重点部位、重要时段、重污染天气的扬尘治理工作落实情况。

（1）对各项目重点部位、关键节点以及对周边社会环境影响大的段落应采取全封闭围挡，在围挡上安装自动喷淋；至少配备洒水车1辆和雾炮车2辆，以满足该部位、段落施工现场所有土石方施工湿法作业和施工路基洒水降尘工作；至少设置专职环保督察员1名，至少配备山猫清扫车1辆及环保清洁人员3名，全天不间断清扫；至少设置移动洗车机1处，进出场车辆全部冲洗，所有渣土运输车采用环保运输车密闭运输，所有裸土码方规范、无死角用绿目网覆盖。

（2）检查节假日、重大活动期间等重要时段的扬尘治理情况及各参建单位领导带班及值班情况。

（3）检查施工现场污染天气应急响应情况，确保预警范围内的所有在建项目按规定立即停工或减少相应施工作业；遇有4级及以上大风或重污染天气严禁产生扬尘的施工作业，发布红色预警时停止一切施工作业。

（4）检查上级秋冬季、采暖季施工的相关规定落实情况，施工现场应按要求及时办理施工绿色通道特许证，采暖季期间未经批准一律不得擅自实施土石方作业。

4.8.3.3 检查本指南规定的其他现场管理要求及内业资料整理情况。

5 文明施工智慧化

5.1 一般规定

5.1.1 公路建设项目应积极推进大数据、物联网、云计算等信息技术与公路工程建设的有机融合，推广和拓展 BIM1、无人机、移动终端等技术在工程建设管理实践中的应用，在点、线、面不同层次上提升工程建设管理水平，实现文明施工管理智慧化，助添"精益智造"之翼。

5.1.2 宜采用物联网技术对材料仓储、出入库进行管理。

5.1.3 工序复杂、技术难度高、危险性较大的施工部位宜制作三维动画，按照施工步序进行施工演示，实现可视化交底，提高工作效率和准确性。

5.1.4 公路工程施工过程中应采用无人机定期对工程进展情况进行航拍，航拍视频仅限于本项目展示、巡查、处理变更、会议等应用，未经允许不得随意外传。

5.2 BIM 技术应用

5.2.1 公路建设项目鼓励全过程应用 BIM 技术。

5.2.2 结构复杂的桥梁工程、隧道工程宜从设计阶段建立 BIM 模型。模型宜适当考虑施工环境模拟、交通疏导模拟、三维场地布置、工程地质模型、图纸校核、碰撞检查、可视化方案模拟、工程量统计等功能的实现。

5.2.3 BIM 模型可将征地红线、拆迁建筑及植被、现有管线等信息表明，根据模型指导现场施工避让方案、管线迁改等工作。

5.2.4 为提高交通组织方案的应用效果，交通组织和倒改方案可制作漫游模拟动画，细化影响区域范围的隔离设施、指示牌等设施的安放措施，发现不足之处并优化设计；必要时利用交通分析专业软件，对周边区域道路及路口的交通压力进行分析，优化施工和交通组织方案，降低施工对周边区域交通的影响。

5.2.5 桥梁基础和深基坑可建立工程地质模型，将工程模型置入三维地质模型中，指导方案、机械、工艺的选择。

5.2.6 对于重大施工方案应采用三维动态模型进行模拟，发现方案中的不足，优化施工方法，从而降低施工风险并缩短工期。

5.2.7 施工前应进行模型碰撞检查分析，通过建立 BIM 模型查找设计图纸中存在的问题并提前解决，避免进度延误，减少返工浪费。对需预制加工的构件进行模型预拼装，验证图纸准确性，确认无误后再进行构件预制。

5.2.8 可建立虚拟现实平台，配合 VR 设备进行工程模拟漫游，以第一视角感受现场环境。

5.3 环保监测设备及视频监控系统

5.3.1 济南市高速公路、普通国省道新改建在建项目，应安装环保监测设备及视频监控系统。

5.3.2 视频监控系统应包括视频数据采集、视频数据查看、监测控制、数据存储、夜视等功能，并应符合下列规定：

（1）功能使用要求。监控位置应覆盖工地出入口、重点作业面、危险区域、禁入区域、各场站等；监控设备具备在线传输功能；具备作业区视频数据实时查看功能；具备回放功能，能通过 IP、时间、报警类型等方式进行录像检索，支持多路同步回放、全屏回放、视频摘要等功能；具备摄像头设备分组布局、多画面同时预览功能；具备视频轮巡功能，通过设置轮巡时间间隔、多个摄像头显示顺序等参数，实现多个摄像头画面的顺序轮回播放；具备视频备份功能，应支持本地或异地录像备份和日志备份功能；符合接入全市统一监控平台的技术要求。

（2）视频监控系统实施监控的主要内容包括：项目管理人员到岗履职情况；作业人员、机械及设备投入情况；各场站及工程作业区出入口渣土运输车辆进出管理、现场土方覆盖情况、隔离设施管理情况；超过一定规模的危险性较大分部分项工程实施情况；工程关键部位的施工进度、施工质量以及安全管理情况。

5.3.3 环保监测设备应能够采集 PM2.5、PM10、噪声、温度、湿度、风速、风向等监测数据，终端设备的监测数据不能人为干预调整，并应符合下列规定：

（1）监测设备应设置在道路、桥梁、隧道、场站等工程部位的主要进出口（洞口）、材料堆放加工区、工地制高点，不得随意移动。

（2）应具有中华人民共和国制造计量器具许可证（CMC），并取得省级及以上第三方测试或校准证书。

（3）技术指标要求。支持无线通信方式远程连接到监管平台，数据上传频率可调；现场需配备 LED 显示屏，显示实时监测数据；监测数据支持断点续传；具备扬尘数据统计、分析、查询功能，可实现扬尘超标判断报警、设备故障报警，支持现场声光报警与远程报警两种方式；具备噪声实时检测、本地显示、在线传输、离线传输等功能。

（4）安装要求。扬尘监测设备顶端距离地面高度不低于 3 m 并高出围挡 1 m，设备安装位置与道路施工面水平距离不大于 10 m。每一处监测点需同时安装一台扬尘监测设备和一台视频监控摄像机，摄像机监控范围应覆盖扬尘监测设备。

5.4 智能门禁系统

5.4.1 场站、大型桥梁、隧道等部位应安装智能门禁系统。

5.4.2 智能门禁系统应具备人员信息采集、考勤管理、人员定位跟踪等功能，并符合下列规定：

（1）具备人员基本信息采集、查询、变更功能，采用门禁卡、人员信息卡等多卡合一。

（2）设置门禁考勤设备，支持不少于一种自动识别方式（人面、指纹、虹膜等），覆盖作业区所有出入口。

（3）在门禁刷卡位设置摄像装备，具备刷卡实时影像备份功能。

（4）具备考勤信息与作业区出入通道闸机联动功能，能即时显示人员身份信息。

（5）隧道应采用施工人员定位系统，其他超过一定规模的危险性较大工程宜采用施工人员定位系统。

5.5 二维码标识

5.5.1 一般规定。

（1）混凝土预制构件及混凝土构筑物、隧道工程、交安设施等外露部位、构件、成品均应在显著位置均应粘贴二维码标识，二维码标识应清晰、唯一。

（2）二维码标识信息应包含工程信息、基本信息、验收信息、其他信息等，具体如表 5.5-1 所示。

表 5.5-1　二维码标识信息表

二维码信息条目	要　　求
工程信息	包括：工程名称、设计单位、施工单位、监理单位、预制构件生产单位、产品生产单位等
基本信息	包括：构件名称、构件编号、规格尺寸、使用部位、重量、生产日期、环境温度、钢筋规格型号、钢筋厂家、钢筋牌号、混凝土设计强度、水泥生产单位、规格型号、混凝土用砂产地、混凝土用石子产地、混凝土外加剂使用情况、主要材料的试验资料等
验收信息	包括：验收时混凝土强度、尺寸偏差、观感质量、生产企业验收责任人、监理单位验收责任人、施工单位责任人、质量验收结果等
其他信息	包括：预制构件现场堆放说明、现场安装交底、注意事项等

（3）二维码应采用统一的外观尺寸、颜色、材质及图案进行加工制作，具体参数详见图 5.5-1。

① 圆形贴纸颜色为蓝色，尺寸为 $R = 40$ cm。

② 码图居中布置，其面积约为圆形贴纸的 2/3（正方形码图的边长 24 cm）

③ 材质选用防水、防晒、强黏性材料。

图 5.5-1　二维码样式

5.5.2　二维码粘贴位置。

（1）预制场内预制构件上的二维码标识应粘贴在构件同一端的同一侧的端部。

（2）施工现场砼构件或构筑物的二维码标识应粘贴在距离地面 1.5～2 m 的范围内（特殊条件下可视情况而定），根据场地要求可以粘贴在与道路路线中线垂直线的一侧或与中线平行的一侧，但是同一排构件应选择相同的一侧粘贴。

（3）隧道工程中张贴位置：高于隧道地面 1.5~2 m 的明洞或二衬表面。

（4）交安设施，即波形梁护栏、混凝土护栏、立柱、混凝土基础、防眩设施、轮廓标、隔离栅等交安设施内容合并为一个二维码。每个分项工程最少设一个二维码。

5.5.3 二维码标识应监理验收合格 3 天内张贴完成。工程交工验收前，保证二维码标识完整，无缺失。

5.5.4 代建、监理单位及时进行验收，并作为旬月考核内容。同时二维码信息按工程技术档案资料进行保存及交接。

5.6 智慧云平台

5.6.1 在公路工程中，推广施工安全信息管理系统、进度计划信息管理系统、试验检测信息管理系统等"智慧化云平台"的应用。

5.6.2 各参建单位应优化管理措施对工程项目管理数据进行搜集、分析和再利用，加强质量检验检测数据实时互通共享技术、建筑信息模型技术应用，基于数据分析结果做出决策，对扬尘污染、噪声污染、进度管理、成本管理等大数据统计分析。

6 附 则

6.1 文明施工管理表格及使用要求

6.1.1 《文明施工检查反馈意见单》（表 6.1-1）：建设单位在日常巡查、专项检查中发现的问题，可用此表书面反馈意见；本表所记录的问题计入月检考核。

6.1.2 《文明施工整改回复单》（表 6.1-2）：根据建设单位《文明施工检查反馈意见单》的意见，由施工单位整改完成后以《文明施工整改回复单》的形式进行回复。

6.1.3 《监理通知单》（表 6.1-3）：监理机构在巡视、旁站、专项检查中发现现场存在的有关文明施工的一般问题，用此表进行反馈。此表所记录的问题不计入旬检考核。

6.1.4 《监理通知单回复单》（表 6.1-4）：根据监理单位《监理通知单》的意见，由施工单位整改完成后以《监理通知单回复单》的形式进行回复。

6.1.5 《监理指令单》（表 6.1-5）：监理机构在巡视、旁站、专项检查中发现现场存在的有关文明施工较严重的问题，用此表进行反馈。此表所记录的问题应计入旬检考核。

6.1.6 《监理指令单回复单》（表 6.1-6）：根据监理单位《监理指令单》的意见，由施工单位整改完成后以《监理指令单回复单》的形式进行回复。

6.1.7 文明施工教育培训用表：

参建单位应按照计划开展文明施工教育培训，应建立《文明施工教育培训台账》（表 6.1-7）、填写《文明施工教育培训记录表》（表 6.1-8）。

6.1.8 文明施工技术交底用表：参建单位应按照计划开展文明施工教育培训，应建立《文明施工交底台账》（表 6.1-9），填写《文明施工交底记录》（表 6.1-10）。

6.1.9 《班前会主要内容一览表》（表 6.1-11）：施工单位应严格落实班前会制度，按照本指南第 4.4.2 条的要求，规范组织班前会议，项目技术负责人对班前会宣讲内容审核把关，并按不同分项工程，结合相关工序、工艺，填写《班前会主要内容一览表》。

6.1.10 《施工单位文明施工检查考核内容及评分标准》（表 6.1-12）。

6.1.11 安全检查评价表：《分项安全检查评分表》（表 6.1-13）、《单项安全检查评价表》（表 6.1-14）、《合同段安全检查评价表》（表 6.1-15）。

6 附 则

表 6.1-1

济南市公路工程
文明施工检查反馈意见单

项目名称：   编号：

1	被检查单位名称			
2	文明施工存在的主要问题及整改要求			
3	存在问题部位的照片			
4	整改责任单位及时限要求	整改要求由_____合同段负责落实，由_____负责监督检查，确保落实整改到位。整改情况于_____日内报_____。		
5	项目办签字： 年 月 日		总监办签字： 年 月 日	项目部签字： 年 月 日

备注：本表一式三份，建设、监理、施工单位各一份。

表 6.1-2

济南市公路工程
文明施工整改回复单

项目名称：　　　　　　　　　　　　　编号：

1	主要问题及整改情况	
2	整改照片	
3	项目部复核意见： 　　　　　　　　　　签字：　　　年　月　日	
4	总监办复核意见： 　　　　　　　　　　签字：　　　年　月　日	
5	项目办复核意见： 　　　　　　　　　　签字：　　　年　月　日	

备注：本表一式三份，建设、监理、施工单位各一份。

6 附 则

表 6.1-3

济南市公路工程
监理通知单

项目名称： 编号：

日 期	

致_____

以上问题落实后请立即回复

监理工程师_____

施工单位签收人		日 期	

表 6.1-4

济南市公路工程
监理通知单回复单

项目名称：　　　　　　　　　　　　　　　　　编号：

施工单位		合同号	
监理单位		监理机构	

致_____:

现已整改完毕，请验收。

　　　　　　　　　　　　　　　　现场负责人：　　　　　　日期：

（说明：填写验收结果和处理意见）

　　　　　　　　　　　　　　　　监理工程师：　　　　　　日期：

6 附 则

表 6.1-5

济南市公路工程
监理指令单

项目名称：　　　　　　　　　　　　　　编号：

施工单位		合同号	
监理单位		监理机构	
签发人		日　期	

致＿＿＿＿＿＿＿＿＿＿

请于＿＿年＿＿月＿＿日前回复
抄报（送）：

签收人		日　期	

表 6.1-6

济南市公路工程
监理指令单回复单

项目名称：　　　　　　　　　　　　　　　编号：

施工单位		合同号	
监理单位		监理机构	

致＿＿＿＿＿＿＿：

现已整改完毕，请验收。

　　　　　　　　　　　　　　　　　项目经理：　　　　日期：

（说明：填写验收结果和处理意见）

　　　　　　　　　　　　　　　　　总监理工程师：　　　　日期：

抄报（送）：

6 附 则

表 6.1-7

济南市公路工程
文明施工教育培训台账

项目名称：

序号	培训时间	培训组织部门	受教育人数	培训内容
1				
2				
3				
4				
5				
6				
7				
8				
9				
10				
11				
12				
13				
14				
15				

表 6.1-8

济南市公路工程
文明施工教育培训记录表

项目名称：　　　　　　　　　　　　　编号：

组织部门	项目安全部	主讲人	
参加部门		人数	
培训主题		学时	
培训时间		记录人	
教育培训内容			
培训照片			
培训总结			
参加培训人员签字			

6 附 则

表 6.1-9

济南市公路工程
文明施工交底台账

项目名称：

序号	培训时间	培训组织部门	受教育人数	培训内容
1				
2				
3				
4				
5				
6				
7				
8				
9				
10				
11				
12				
13				
14				
15				

表 6.1-10

济南市公路工程
文明施工交底记录表

项目名称：　　　　　　　　　　　编号：

施工部位			
交底人	项目安全部	交底时间	
参加部门		人数	
交底内容			
交底照片			
被交底人员签字			

6 附 则

表 6.1-11

济南市公路工程
班前会主要内容一览表

工程名称：　　　　　　　　　　　　　时间：

工程部位、桩号	
岗前检查	
施工作业主要内容及要求	
安全要点及防范措施	
应急处置措施	

项目技术负责人签字：　　　　　　　　班组长签字：

表 6.1-12

_____工程

施工单位文明施工检查考核内容及评分标准

工程项目：　　　　　　　　　　　　检查时间：

检查项目	工作要求及标准	扣分标准
标准化文明施工	1. 按照有关规定在施工现场设置规范必要的标识、护栏、照明等安全设施，拌和站防火、防电、防风、防雷击等安全措施符合要求；易燃、易爆物品妥善保管；现场应有防火灾、失窃、防汛、交通组织、用电安全、中毒处理等安全方案设施，并有卫生防疫措施	
	2. 施工现场文明整洁，施工人员挂牌上岗，合同段起点按要求规范设置公示牌；采取环保措施，避免夜间在居民和村庄附近进行强噪声作业；施工便道、拌和场作业现场定时洒水降尘；及时维护施工便道，作业现场内道路，保证晴雨通车	
	3. 料场、拌和站、预制场管理规范；场地硬化符合要求；材料码方整齐，无混放现象，并设置标识牌；防尘、防潮、排水措施有效	
	4. 及时做好养生和成品保护；料、物、设备存放有序；建筑垃圾及时清除	
	5. 按批准的交通组织方案设置交通指示标志，配备专职人员指挥，交通组织有序；交通绕行路线图设置合理、规范，绕行路线指路标志齐全、维护及时	
	6. 进行爆破、吊装等危险作业，需安排专职安全员进行现场安全管理	
	7. 每项工程实施前，需进行安全生产技术交底；对危险性较大的分项工程应编制专项安全方案	
	8. 对因建设工程施工可能造成损害的毗邻建筑物、构筑物和地下管线等采取适当防护措施	
	9. 安全防护用具、机械设备、主要施工机具及配件在进入施工现场前需经检验合格	
	10. 特种设备需经具有专业资质的机构检测、检验合格，取得安全使用证或者安全标识，投入使用	
	11. 项目部、拌和场、工地试验室建设要符合合同文件要求；生活、办公场所分离设置，布局合理，整洁有序；办公设施齐全	

6 附 则

续表

检查项目		工作要求及标准	扣分标准
标准化文明施工		12. 项目部岗位职责、规章制度、组织机构、工程形象进度图、安全、质量保证体系图、工程管理曲线图、平面图、天气情况表等按规定上墙	
		13. 实施定置管理，科室标识牌、单位名牌、公示牌、现场标识牌、警示牌等按要求规范制作、摆放	
		14. 具备试验室资质并备案，试验人员按合同要求配备；试验室负责人应具备合同文件要求的检测工程师资格，一般检测员具有检测证和培训证；试验仪器、设备、车辆按合同配备并及时标定，仪器配置满足工程实际需要，完好率95%以上；试验基础设施完善，各室能有效隔离；各项规章制度（试验检测工作程序、试验人员岗位责任制、试验仪器的设备的操作规程、档案和安全管理制度、样品管理制度）齐全并张贴上墙；试验仪器保养良好且运转正常，试剂补充及时，无贻误试验，室内外工作环境整洁；标养条件符合规范要求，标养室面积不得低于标准化要求	
精细化施工	道路	1. 路侧排水系统是否完善；路基表面是否积水。 2. 路基坡是否设置临时排水沟及时防护或临时覆盖、绿化。 3. 施工过程中是否配置足够数量的水车、雾炮车。 4. 现场裸露土是否及时覆盖。 5. 拆除及废弃材料是否有序集中堆放指定的弃土场地，弃土场是否全部覆盖或绿化。 6. 高边坡施工和石方爆破施工前是否指定专项施工方案，并经专家论证。 7. 取土场口是否设置车辆清洗设备，及时冲洗运输车辆，杜绝车辆带泥上路。 8. 挖土方边坡表面是否及时清理破碎岩石，是否及时按设计刷坡。 9. 水稳碎石基层摊铺完检测合格后，是否及时覆盖洒水养生。 10. 透层、封层、粘层撒布时是否保护路缘石及其他结构物避免污染。 11. 是否有矿料、油料和杂物散落在路面上。 12. 现场机械排放是否整齐	

续表

精细化施工	桥涵工程	1. 桥梁工程施工现场是否进行封闭施工。 2. 施工现场是否设置标牌、安全标识、宣传标语等。 3. 施工工作场地必须进行硬化。 4. 地下构筑物或管线是否采取保护措施并设置明显标识。 5. 现场操作人员是否配齐安全防护设施。 6. 特种作业人员是否持证上岗,特种机械要张贴检验合格。 7. 制浆池、储浆池和沉淀池周围应采用安全防护栏围挡并悬挂安全标志。 8. 现场钢筋等施工材料、器材、模板、机械摆等放整齐且材料前放置公示。 9. 梁板吊装前要制定梁板吊装专项方案。 10. 钻孔、吊装作业时采取防倾覆安全措施,并有专人指挥。 11. 高空作业中的安全标识和各种用于高处作业的设施,使用前要检查;高空作业人员是否有体检报告。	
	隧道工程	1. 施工前是否开展安全风险评估工作,并制定各项应急预案;施工现场是否悬挂风险源辨识牌及警示标识;施工场地规划是否合理,是否编制专项规划方案,并上报监理工程师和建设单位批复。 2. 严格执行进洞人员登记制度;应设置稳定可靠的视频监控系统、门禁系统和人员识别定位系统。 3. 洞口及边坡、仰坡排水系统是否完好。 4. 易燃易爆物品是否按照要求存储,是否离施工现场保持安全距离。 5. 制定监控量测及超前地质预报专项施工方案,并按方案组织实施。 6. 爆破作业要制定专项施工方案并严格按照施工方案实施。 7. 爆破操作人员要有爆破操作证,并经过培训教育考核合格。 8. 通风管安装是否牢固,是否设立警示标识或色灯。隧道内供风、供水、供气管线与供电线路应分别架设。 9. 照明和动力线应分层架设电线是否架空或沿洞壁架设。	

6 附 则

续表

精细化施工	隧道工程	10. 供电线路架设应遵循"高压在上、低压在下，干线在上、支线在下，动力线在上、照明线在下"的原则。110 V以下线路距地面不得小于2 m，380 V以下线路距地面不得小于2.5 m，6~10 kV线路距地面不得小于3.5 m。 11. 瓦斯地段洞内应采用防爆照明设备。 12. 洞内污水排放是否汇集于污水处理池。 13. 瓦斯浓度是否按照要求进行检测，检测频率是否合格，记录是否完。 14. 洞内施工不得使用以汽油为动力的机械设备。 15. 隧道内作业台车、台架应满足施工安全要求，高处作业安全防护设施应符合规范的有关规定。 16. 隧道洞口、开关箱、配电箱、台车、台架、仰拱开挖等危险区域应设置明显的警示标识。洞内施工设备均应设反光标识。 17. 隧道作业人员应配备防尘口罩、耳塞等个人劳动保护用品；并定期体检。 18. 隧道内应设置逃生通道，配备应急救援机械设备、消防设备、生活保障和救援物资	
	交安工程	1. 标志标线区域前后需设置警告、警示标识牌，并设置车道封闭绕行公告。 2. 各种机械设备的操作人员必须经过相应部门组织的安全技术操作规程培训，考试合格，持有效证件上岗。 3. 施工现场设施最高处与外电架空线路垂直距离应不小于有关规定。 4. 集中用电场所配电箱，开关要分开设置，并采用两级漏电保护装置。 5. 施工过程中产生渣土要及时清理，裸露地面采取临时覆盖措施。 6. 高空作业时，操作人员要有高空作业证，要穿戴安全手套，防滑鞋，系好安全保险带和保险绳	
	房建工程	1. 施工临时设施的平面布置是否符合安全文明施工要求，施工道路、场地硬化，安全通道、操作棚、加工区域、物料堆放是否规范，警示牌、标识牌的设置是否到位。 2. 施工现场集中堆放的土方和裸露场地必须采取覆盖、固化或绿化等防尘措施。	

续表

精细化施工	房建工程	3. 基坑开挖等土石方作业，周围应采取洒水、喷雾等降尘措施。 4. 施工现场运送土方、渣土的车辆必须封闭或遮盖严密，严禁使用未办理相关手续的渣土等运输车辆，严禁沿路遗撒或随意倾倒。 5. 运输车辆出口设置车辆冲洗设备。 6. 基坑边、通道口、楼梯口、预留口、电梯井等临边部位必须设置安全防护围栏或盖板。 7. 现场安装扬尘污染在线监测及视频监控系统。 8. 人行通道是否设置防护棚。 9. 安装、拆卸塔吊施工方案是否审批，塔吊司机是否持证上岗，信号工是否到位。是否有登记检查记录和维修保养记录。 10. 脚手架搭设完后是否进行验收，是否进行受力计算	
规范化施工		1. 是否设置文明施工管理体系？是否配备专职安全环保管理人员？是否指定相应胡规章制度？	
		2. 是否适时开展针对性的安全生产及环保教育培训？是否对从业人员进行培训？培训包括岗前教育培训、日常教育、年度继续教育等	
		3. 是否为从业人员办理相关保险？	
		4. 是否层层签订安全环保责任书？	
		5. 安全、环保费的使用情况。编制费用使用计划、费用使用台账，明确费用使用的项目、类别、额度、完成期限等内容	
		6. 按月足额支付工资规	
		7. 是否进行三级技术交底。技术交底的格式是否正确	
		8. 劳动用工管理，实名制管理。在建工程项目所用工人与用人单位签订劳动（劳务）合同，并上传农民工工资支付监管平台或建筑业农民工综合服务平台；其他行业劳动者与单位签订劳动合同。在建工程项目所用工人进出项目现场必须考勤打卡，考勤数据采集准确真实	

6 附 则

续表

规范化施工	9. 建立并落实农民工工资专用账户管理制度。专用账号制度是否覆盖，承包企业通过专用账户委托银行直接向农民工发放工资；代发工资委托书；代发工资转账凭证；农民工工资发放表	
	10. 落实工资保证金制度。工资保证金制度执行情况；工资保证金是否缴存至专用账户	
	11. 落实施工现场维权公示牌制度。施工现场是否对有关制度政策进行宣传	
	12. 确保农民工工资支付监管平台有效使用	
	13. 考核和奖惩。是否制定考核和奖惩制度，是否对特别贡献人员奖励，对存在问题做相应处罚	
	14. 内业资料是否规范齐全	
智慧化施工	1. 是否利用BIM技术来指导施工	
	2. 工程现场是否安装环保检测设备及视频监控系统，记录是否完备，数据是否完整	
	3. 场站、大型桥梁、隧道等部位必须设置智能门禁系	
	4. 工程重要部位、关键点是否设置工程二维码？二维码内容是否齐全？	
	5. 新材料、新工艺、新方法在工程中是否应用？	
	6. 有无论文、工法、QC成果、发明、科技成果等创新？	

注：各参建单位可参照该表进行检查；扣分标准根据各单位实际情况进行分配。

表 6.1-13

分项安全检查评分表

项目名称：　　　　　　施工单位名称：　　　　　　合同段：

强制性项目检查描述	序号	检查项目	检查方法	检查情况描述	应得分	实得分
强制性项目						
一般检查项目						
		合　　　计			100	
		减分				

安全等级评价：　　　　　　评分：　　　　　　安全等级：

检查组成员：

检查负责人：　　　　　　　　　　　　　　年　月

6 附 则

表 6.1-14

单项安全检查评价表

施工单位： 合同段： 监理单位：

	分 项 名 称					备注
	项 目	实得分	权值	加权得分	等级	
施工单位						
	合计					
安全评价等级				加权平均分		
评价意见						

检查负责人： 计算： 复核： 年 月 日

表 6.1-15
合同段安全检查评价表

施工单位： 　　　　合同段： 　　　　监理单位：

施工单位	评分项目	实得分	权值	加权得分	等级	备注
	安全生产基础管理		3			
	施工现场		7			
	合计		10			
安全评价等级				加权平均分		
评价意见						

检查负责人： 　　　计算： 　　　复核： 　　　年　月　日

6.2 安全围挡设计示例图

6.2.1 活动式围挡,如图 6.2-1 和图 6.2-2 所示。

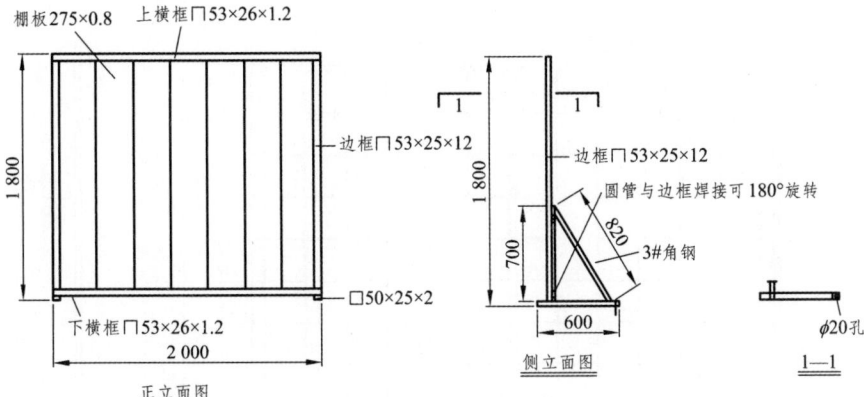

说明:
1. 此围挡采用钢板围挡,围挡底部基础须平整,三角撑架与基础之间可采取膨胀螺栓进行有效固定,也可采用预制混凝土块压紧。采用膨胀螺栓进行固定的围挡在拆除时,应一并将螺栓拆除,螺栓不可留在原地;
2. 围挡板面与三角支撑架应采用螺栓连接紧固,确保版面竖直;
3. 围挡板面须整体固定,单块围挡长度具体长度可根据现场情况适当调整。

图 6.2-1 活动式围挡

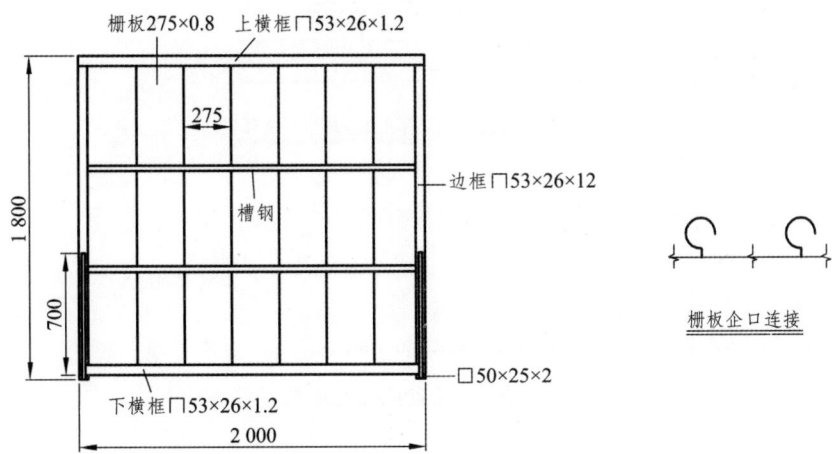

图 6.2-2 活动式围挡

6.2.2 活动式镂空围挡,如图 6.2-3 和图 6.2-4 所示。

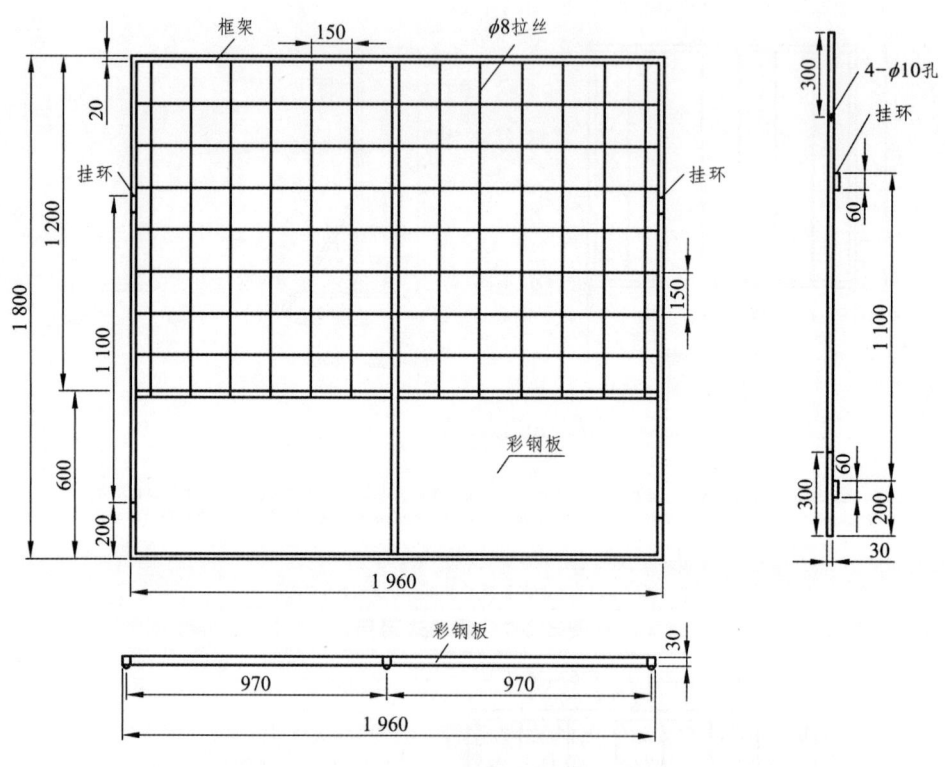

活动式镂空围挡—立面图

围挡板制作技术要求:
1.框架材料为 30 mm×20 mm×1.5 m 扁管;
2.挂环材料为 ϕ20 mm 镀锌钢管;
3.挡板下部为 0.5 mm 彩钢板,上部为 ϕ8 mm 拉丝;
4.框架所有连接部位均满焊,焊后打磨;
5.框架外表面除锈后涂防锈漆,涂一道底漆,两道面漆;
6.框架与彩钢板用拉铆钉固定,间距 150~200 mm。

图 6.2-3 活动式镂空围挡

6 附则

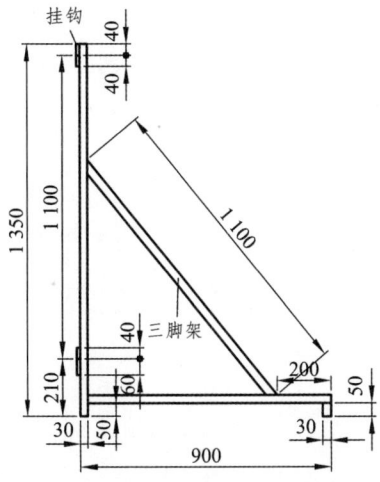

三脚架结构图

三脚架制作技术要求：
1. 三脚架材料为 30 mm×20 mm×1.5 mm 扁钢管；
2. 挂钩材料为 ϕ10 mm 圆钢；
3. 框架所有部位均满焊，焊后打磨；
4. 所有切割面均打磨去毛刺；
5. 框架外表面除锈后涂防锈漆，涂一道底漆，两道色漆。

图 6.2-4　活动式镂空围挡

6.2.3　固定式围挡（A 类），如图 6.2-5 和图 6.2-6 所示。

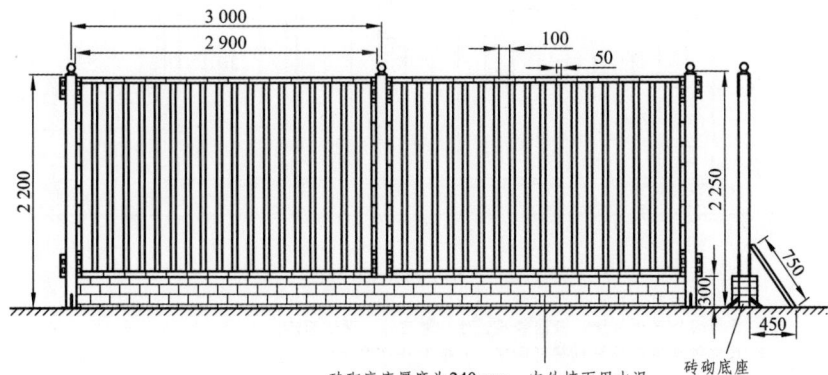

砖砌底座厚度为 240 mm，内外墙面用水泥砂浆抹面，外侧涂刷黄黑相间警示带。

说明：固定式围挡（A 类）适用于地基承载力特征值 $f_{ak} \geq 80$ kPa 的一般地基。

固定式围挡（A 类）—立面图

图 6.2-5　固定式围挡（A 类）

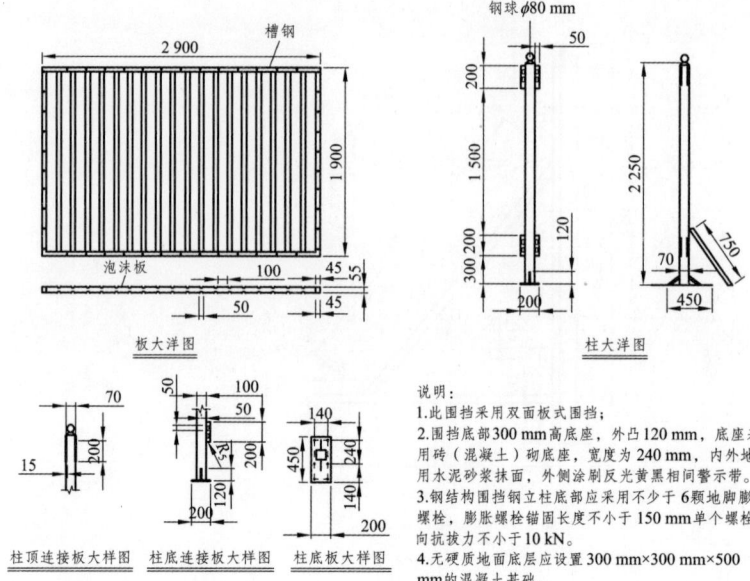

图 6.2-6　固定式围挡（A 类）

6.2.4　固定式围挡（B 类），如图 6.2-7 和图 6.2-8 所示。

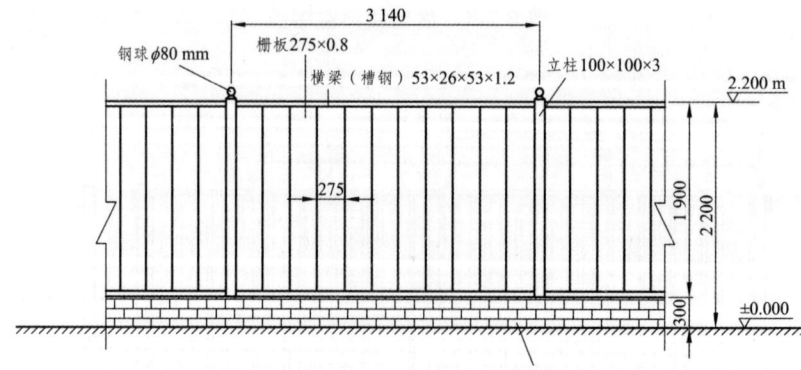

说明：
1. 此围挡采用钢板围挡。
2. 围挡底部 300 mm 高底座，外凸 120 mm，底座采用砖（混凝土）砌底座。宽度为 240 mm，内外墙面用水泥砂浆抹面，外侧涂刷反光黄黑相间警示带。
3. 钢结构围挡钢立柱底部应采用不少于 6 颗地脚膨胀螺栓，膨胀螺栓锚固长度不小于 150 mm，单个螺栓竖向抗拔力不小于 10 kN。
4. 立柱部分无硬质地面时底层应设置 300 mm×300 mm×500 mm 的混凝土基础。

图 6.2-7　固定式围挡（B 类）

6 附则

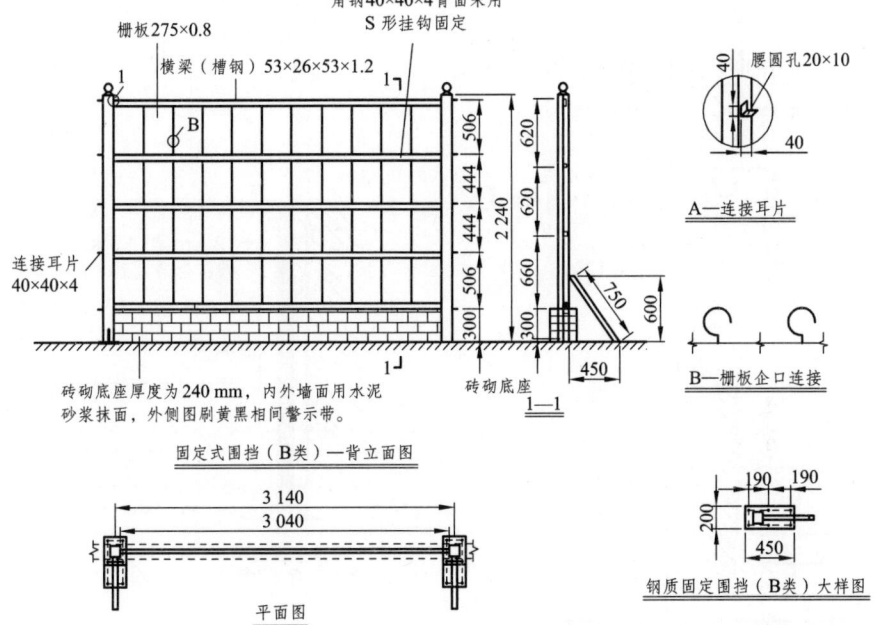

图 6.2-8　固定式围挡（B类）

6.2.5　砖砌实体围挡，如图 6.2-9 和图 6.2-10 所示。

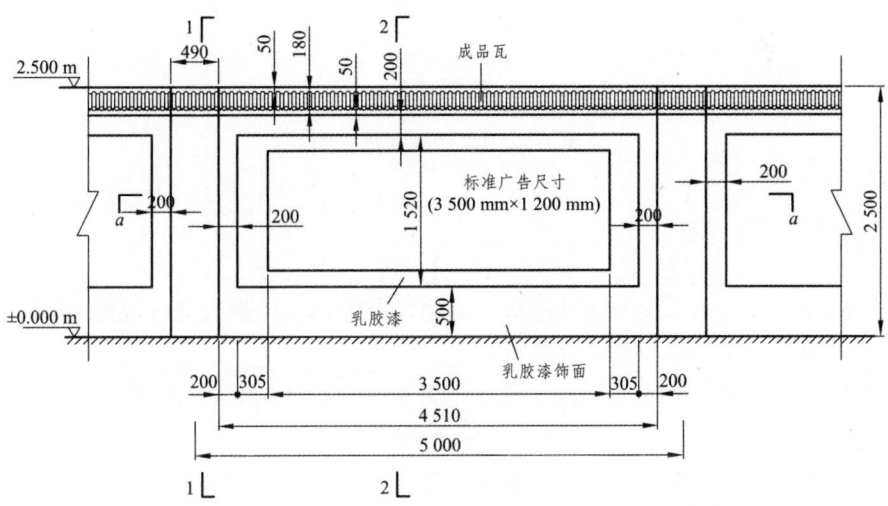

说明：
1.此围挡结构形式为砌体结构；
2.压顶用成品瓦，基座涂刷乳胶漆。

图 6.2-9　砖砌实体围挡

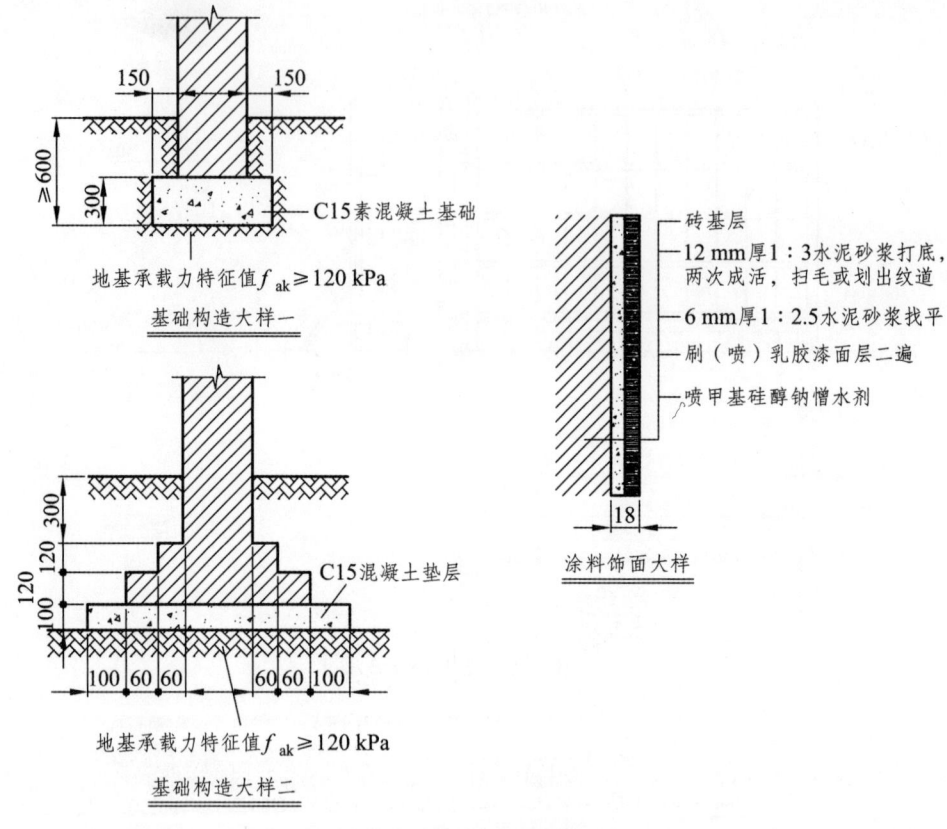

砖砌实体围挡—基础大样图

图 6.2-10 砖砌实体围挡

6.3 其 他

6.3.1 本指南自发布之日起执行。如指南中相关标准与现行规范、标准、文件相冲突，应参照较高标准执行。

6.3.2 本指南所依据规范、标准、文件如有修订或更新，应按照最新要求执行。

6.3.2 各单位在使用过程中发现问题，请及时以书面形式告知济南市公路管理局。